essentials

essentials liefern aktuelles Wissen in konzentrierter Form. Die Essenz dessen, worauf es als „State-of-the-Art" in der gegenwärtigen Fachdiskussion oder in der Praxis ankommt. *essentials* informieren schnell, unkompliziert und verständlich

- als Einführung in ein aktuelles Thema aus Ihrem Fachgebiet
- als Einstieg in ein für Sie noch unbekanntes Themenfeld
- als Einblick, um zum Thema mitreden zu können

Die Bücher in elektronischer und gedruckter Form bringen das Expertenwissen von Springer-Fachautoren kompakt zur Darstellung. Sie sind besonders für die Nutzung als eBook auf Tablet-PCs, eBook-Readern und Smartphones geeignet. *essentials:* Wissensbausteine aus den Wirtschafts-, Sozial- und Geisteswissenschaften, aus Technik und Naturwissenschaften sowie aus Medizin, Psychologie und Gesundheitsberufen. Von renommierten Autoren aller Springer-Verlagsmarken.

Weitere Bände in der Reihe http://www.springer.com/series/13088

Reinhard Meier-Walser

Die NATO im Funktions- und Bedeutungswandel

Veränderungen und Perspektiven transatlantischer Sicherheitspolitik

Reinhard Meier-Walser
Hanns-Seidel-Stiftung e. V.
München, Deutschland

ISSN 2197-6708   ISSN 2197-6716   (electronic)
essentials
ISBN 978-3-658-20098-5   ISBN 978-3-658-20099-2   (eBook)
https://doi.org/10.1007/978-3-658-20099-2

Die Deutsche Nationalbibliothek verzeichnet diese Publikation in der Deutschen Nationalbibliografie; detaillierte bibliografische Daten sind im Internet über http://dnb.d-nb.de abrufbar.

Springer VS
© Springer Fachmedien Wiesbaden GmbH 2018

Gedruckt auf säurefreiem und chlorfrei gebleichtem Papier

Springer VS ist Teil von Springer Nature
Die eingetragene Gesellschaft ist Springer Fachmedien Wiesbaden GmbH
Die Anschrift der Gesellschaft ist: Abraham-Lincoln-Str. 46, 65189 Wiesbaden, Germany

Was Sie in diesem *essential* finden können

- Hintergründe, Stationen und Ergebnisse des Transformationsprozesses der NATO nach dem Ende des Kalten Krieges
- Wandel von Bedeutung, Funktion und Rolle der NATO vor dem Hintergrund der Veränderungen der internationalen Sicherheitslage
- Aktuelle Herausforderungen für die NATO und die Konsequenzen für deren strategische Neuausrichtung

Inhaltsverzeichnis

Gegründet im Jahre 1949 als Ausdruck gemeinsamer Bedrohungsperzeption demokratisch-pluralistischer Staaten gegenüber der Sowjetunion, hatte die NATO in den Worten ihres ersten Generalsekretärs Baron Ismay zunächst die Aufgabe, „to keep the Russians out, the Americans in, and the Germans down". Für die Bundesrepublik drehte sich die ihr zugedachte Funktion insofern rasch ins Gegenteil, als sie durch ihre Aufnahme in die NATO im Jahre 1955 eine Integration in das Sicherheitssystem des demokratischen Westens erfuhr, nachdem das Projekt einer europäischen Verteidigungsgemeinschaft zuvor in der französischen Nationalversammlung gescheitert war. Gleichzeitig bot die Allianz ihren europäischen Mitgliedern eine sicherheitspolitische „Versicherung" gegenüber der UdSSR, zumal im Zeitalter der Ost-West-Konfrontation niemand ernsthaft daran zweifeln konnte, dass Art. 5 des NATO-Vertrages (gegenseitige Beistandsverpflichtung) allein dem Zweck der nuklearen Schutzgarantie durch die Führungsmacht USA dienen sollte.

Bezog die NATO während der ersten vier Jahrzehnte ihres Bestehens ihre Daseinsberechtigung aus dem Konflikt mit der Sowjetunion (und ab 1955 mit dem Warschauer Pakt), so sah sie sich nach dem Ende des Kalten Krieges gezwungen, eine neue raison d'être und Mission zu erwerben. Mit dem Zerfall der UdSSR und ihres Blocksystems ging ein signifikanter Funktions- und Bedeutungswandel der westlichen Allianz einher, der über verschiedene Stationen in die Transformation des vormaligen Militärbündnisses in ein breiter aufgestelltes Bündnis kollektiver Sicherheit mit einem über das gemeinsame Territorium hinausgehenden („out of area") Aufgabenspektrum mündete. Während dieses Prozesses durchlief die NATO nicht zuletzt aufgrund des Verlustes des gemeinsamen Feindbildes eine existenzbedrohende Sinnkrise. Sie konnte jedoch durch Strategiewechsel und Funktionsveränderungen neue Kraft schöpfen und ihre Bedeutung als institutionelles

© Springer Fachmedien Wiesbaden GmbH 2018   1
R. Meier-Walser, *Die NATO im Funktions- und Bedeutungswandel*,
essentials, https://doi.org/10.1007/978-3-658-20099-2_1

Sicherheitsfundament der atlantischen Interessen- und Wertegemeinschaft unter Beweis stellen.

Endgültig beendet wurde die Legitimationskrise im Jahre 2014 durch Russlands völkerrechtswidriges Vorgehen im Donbass und die Annexion der Krim, die eine sicherheitspolitische Revitalisierung des Bündnisses bewirkten. Damit verbunden sind nun aber neue, mehrdimensionale externe und interne Herausforderungen. So muss die NATO dem insbesondere aus Sicht ihrer osteuropäischen Mitglieder akut gestiegenen Bedarf an gegenseitigen Beistandsleistungen im Sinne kollektiver Verteidigung und Abschreckung Rechnung tragen und gleichzeitig durch Signale der Dialogbereitschaft die Tür nach Moskau offen halten, um das Fernziel einer Partnerschaft mit Russland zumindest nicht völlig aus den Augen zu verlieren. Daneben muss die Allianz angesichts der Konflikte im Mittleren Osten und im Mittelmeerraum ihre südliche Flanke stärker berücksichtigen und Krisenmanagement praktizieren, um ihrem hohen Anspruch als „essenzielle Quelle der Stabilität" in einer „Welt in Unordnung" gerecht zu werden. Durch die Erweiterung des Aufgabenspektrums stellt sich ferner die Frage der inneren Einigkeit und Kohärenz, zumal aufgrund der unterschiedlichen Prioritätensetzung innerhalb des Bündnisses mit mittlerweile 29 Mitgliedsstaaten die Konsensfindung hinsichtlich der drängendsten Herausforderungen äußerst schwierig geworden ist.

In den folgenden Abschnitten werden zunächst wichtige Ergebnisse und Konsequenzen des Transformationsprozesses der NATO nach dem Ende der Ost-West-Konfrontation und der Bedeutungswandel des Bündnisses nach den Terrorattacken gegen New York und Washington im September 2001 analysiert. In weiteren Schritten werden der Funktionswandel der NATO von der Territorialverteidigung zur „Verteidigung gemeinsamer Grundsätze" und strategische Kurskorrekturen der Allianz als Folge der Ukraine-Krise untersucht. Aktuelle Herausforderungen im Zuge der Veränderungen der internationalen Sicherheitslage und die Frage, mit welchen Maßnahmen die NATO diesen Herausforderungen mit Aussicht auf Erfolg begegnen kann, stehen im Mittelpunkt weiterer Abschnitte. Im Schlusskapitel werden die Konsequenzen des „Brexit" und der Präsidentschaft Donald Trumps für die transatlantische Sicherheitskooperation erörtert und ein Fünf-Punkte-Katalog für die strategische Neuausrichtung der NATO vorgestellt.

Die NATO in der postsowjetischen Weltordnung

2

2.1 Konsequenzen des Verlustes der „raison d'être"

Es gehört zu den Ironien der Geschichte der internationalen Beziehungen, dass dem Sieg des Westens im Kalten Krieg keine Ära transatlantischer Harmonie, sondern eine Phase zunehmend kritischer und schwieriger Dialoge der Bündnispartner diesseits und jenseits des Atlantiks folgte. Der äußere Integrationsdruck, den der machtpolitische und ideologische Antagonismus zwischen den USA und der UdSSR einerseits und das Szenario eines vorsätzlichen militärischen Schlages des Warschauer Paktes gegen Westeuropa andererseits auf die Bündnispartner ausgeübt hatte, ließ mit dem Ende der Ost-West-Konfrontation zwangsläufig nach und wich der Notwendigkeit einer Neudefinition der Legitimationsbasis der NATO. Diese Phase der Orientierung und Konzeptionierung war gekennzeichnet durch die mit den Umbrüchen des internationalen politischen Systems einhergehende „Welt-Unordnung" („world disorder") (Hoffmann 1998; Masala 2016; Varwick 2017) sowie durch Missverständnisse und Fehlperzeptionen auf beiden Seiten des Atlantiks bezüglich der Interessen und Strategien der jeweiligen Allianzpartner.

Ende der 1980er Jahre wurde ein revolutionärer Prozess der Beendigung jahrzehntealter Ordnungsmuster und Strukturelemente in Gang gesetzt. Mit dem Zerfall des Warschauer Paktes und der Sowjetunion ging gleichzeitig das endgültige Ende der Nachkriegsordnung, des „Eisernen Vorhanges", des Ost-West-Konfliktes, des Abschreckungssystems und der bipolaren Weltordnung einher. Es entstand jedoch mit dem Ende des alten Systems nicht gleichzeitig eine neue

---

Dieser Abschnitt stützt sich auf frühere Veröffentlichungen des Verfassers zur Entwicklung der NATO: Meier-Walser (1997, 2000, 2003, 2004a, 2004b, 2005, 2006).

© Springer Fachmedien Wiesbaden GmbH 2018
R. Meier-Walser, *Die NATO im Funktions- und Bedeutungswandel,*
essentials, https://doi.org/10.1007/978-3-658-20099-2_2

internationale Ordnung im Sinne einer stabilen Verteilung der Macht mit allseits anerkannten Prinzipien friedlicher Interaktion zwischen den Akteuren. Stattdessen begann eine Phase der Transformation, des Umbruchs und der Rollensuche, die auch die NATO nachhaltig prägte.

Während einige Experten in den westlichen Demokratien die Möglichkeit einer kontinuierlichen transatlantischen Sicherheitspartnerschaft nach dem Ende des Kalten Krieges nicht in Frage stellten, ging die Mehrheit der professionellen Analytiker innerhalb der „Strategic Community" damals davon aus, dass es keineswegs selbstverständlich sei, dass die NATO erfolgreich an die veränderten Bedingungen nach dem Ende der Ost-West-Konfrontation angepasst werden könne. Wie ein Blick in die Geschichte der internationalen Politik zeigt, gibt es in den vergangenen Jahrhunderten tatsächlich zahlreiche Beispiele dafür, dass Bündnisse zwischen Staaten zerfielen, nachdem die gemeinsam wahrgenommene Bedrohung, derentwegen sie sich formiert hatten, beseitigt bzw. das gemeinsame Ziel erreicht worden war. Umgekehrt liefert die Geschichte jedoch kein einziges Exempel dafür, dass Koalitionen von Staaten in Friedenszeiten ohne einen „umfassenden und langfristig angelegten Interessenausgleich längere Zeit Bestand gehabt hätten" (Rühl 24./25. August 1996).

Aus politikwissenschaftlicher Sicht führte die Frage nach dem Fortbestand des westlichen Bündnisses je nach Operationalisierung verschiedener Theorieansätze zu einander widersprechenden Szenarien.

Einer strukturell-systemischen Interpretation der klassischen Theorie des Gleichgewichts der Mächte zufolge waren nach dem Ende des Kalten Krieges zukünftige Konflikte innerhalb des transatlantischen Bündnisses programmiert. So ging etwa der US-amerikanische Politologe und Neorealist Kenneth Waltz davon aus, dass nach dem Ende der machtpolitischen Parität zwischen Washington und Moskau die im Vergleich zur Gesamtmachtlage der Vereinigten Staaten schwächeren transatlantischen Allianzpartner sich im Laufe der Zeit von der dominierenden Rolle der USA herausgefordert fühlen und Anstrengungen unternehmen müssten, um der (nun „unbalancierten") Macht der USA ein Gegengewicht entgegenzustellen.[1] Aus der Perspektive des Neorealismus war zumindest langfristig mit einer Auflösung der NATO und der Bildung einer neuen Gleichgewichts-Konstellation zu rechnen.

Einer rationalistisch-institutionalistischen Interpretation zufolge war nach der Transformation des bipolaren Systems hingegen eher ein Fortbestehen, konkreter eine Weiterentwicklung der westlichen Allianz im Sinne von deren Anpassung an

---

[1]In diesem Sinne äußerte sich Kenneth Waltz im Gespräch mit dem Verfasser im Oktober 1990 in Berkeley.

die neuen Realitäten, zu erwarten. Die Wahrscheinlichkeit einer derartigen Entwicklung verbanden Institutionalisten wie Robert Keohane u. a. mit der Überlegung, dass auch nach dem Ende der Sowjetunion gemeinsame Interessen der transatlantischen Bündnispartner existierten (z. B. die Bekämpfung des internationalen Terrorismus, der Organisierten Kriminalität und der nuklearen Proliferation) und dass die NATO neue gemeinsame Aufgaben zu bewältigen hätte (z. B. ihre Erweiterung nach Osten). Darüber hinaus leiteten Vertreter des Institutionalismus ihre zuversichtliche Prognose des Weiterbestehens der NATO von der pragmatischen Erkenntnis ab, dass Institutionen „leichter zu erhalten sind als neu zu schaffen" (Hellmann und Wolf 1993, S. 298).

Rückblickend scheint die institutionalistische Prognose von der späteren Entwicklung bestätigt worden zu sein, zumal es der NATO im Laufe des ersten Jahrzehntes nach dem Ende des Kalten Krieges trotz des Verlustes des gemeinsamen Feindbildes nicht nur gelang, zu überleben, sondern weil sie die existenziell bedeutsame Herausforderung der Suche nach einer neuen, die Partnerschaft tragenden raison d´être durch ihre systematische Transformation von einem Bündnis der kollektiven Verteidigung zu einem Bündnis der kollektiven Sicherheit konstruktiv beginnen konnte. Gleichzeitig stellte sie sich der gewaltigen Aufgabe ihrer Erweiterung sowie der langfristigen Neubewertung ihrer Beziehungen zu Russland und bewies u. a. bei ihren Einsätzen in Bosnien und im Kosovo-Konflikt ihre militärische Funktionsfähigkeit.

Wenn allerdings der Bedeutungsverlust der NATO nach den Terrorattacken gegen New York und Washington am 11. September 2001 sowie weitere Relevanz-Schwankungen und Funktionswandlungsprozesse des Bündnisses etwa im Zuge der Ukraine-Krise oder der Relativierung der NATO durch US-Präsident Trump berücksichtigt werden, so verdienen Erklärungskraft und Prognose-Fähigkeiten der erwähnten Theoriemodelle retrospektiv betrachtet eine differenzierte Würdigung.

2.2 Funktionswandel des Bündnisses nach dem Ende der Ost-West-Konfrontation

Während der 1989 beginnende Zusammenbruch des kommunistischen Blockes die Möglichkeit der Schaffung einer gesamteuropäischen Friedensordnung eröffnete, bröckelte mit dem Fall der Berliner Mauer und dem Ende des Kalten Krieges aber auch die Legitimationsbasis der Allianz. Dieser Herausforderung begegnete die NATO in ihrer „Londoner Erklärung" zur „Transformierten Nordatlantischen Allianz" im Juli 1990 mit einer Einladung an die Warschauer-Pakt-Staaten, ständige diplomatische Verbindungen mit der NATO aufzunehmen. Das zukünftige Verhältnis, so das Angebot aus Brüssel, solle von Annäherung, Vertrauen und Freundschaft geprägt sein und den Prinzipien der Charta der Vereinten Nationen und der KSZE-Schlussakte entsprechen. Gleichzeitig kündigten die Staats- und Regierungschefs der NATO eine substanzielle Änderung der seit 1968 gültigen Strategie der flexiblen Reaktion (MC 14/3) und eine Reduzierung des amerikanischen Nuklearwaffenpotenzials und der konventionellen Streitkräfte in Europa an.

Mit dem auf dem NATO-Gipfel in Rom im November 1991 verabschiedeten neuen Strategischen Konzept ging das Bündnis erstmals über seine traditionelle Kernfunktion der kollektiven Verteidigung hinaus. Zwar wurde das Prinzip der Bündnissolidarität nach wie vor in den Mittelpunkt der Allianzstrategie gestellt, gleichzeitig jedoch die drastische Veränderung der Sicherheitslage in Europa hervorgehoben. Die Risiken für das Bündnis wurden nun nicht mehr primär in einem intendierten Angriff auf Allianzmitglieder gesehen, sondern mit den Konsequenzen der wirtschaftlichen, politischen und sozialen Probleme, einschließlich ethnischer Rivalitäten und territorialer Dispute, in zahlreichen mittel- und osteuropäischen (MOE) Staaten verknüpft. Vor dem Hintergrund dieser Diversifizierung von Sicherheitsrisiken reklamierte das neue Strategische Konzept der NATO einen breiter gefächerten Sicherheitsansatz, der neben kollektiver Verteidigung auch Dialog und Kooperation beinhalten sollte.

Ein wichtiges Element der neuen Strategie der NATO nach dem Ende des Kalten Krieges war die Schaffung einer gesamteuropäischen Sicherheitsordnung. Im Dezember 1991 wurde der Nordatlantische Kooperationsrat (NAKR) eingerichtet, dem neben den NATO-Mitgliedern und den MOE-Staaten später auch die ehemaligen Sowjetrepubliken beitraten. Da der NAKR (auch mit Rücksicht auf Moskau) weder militärische Kooperationen noch eine Beistandsverpflichtung analog Artikel 5 des NATO-Vertrages enthielt, waren die MOE-Staaten, die konkrete Sicherheitsgarantien erhofft hatten, enttäuscht. Rufe nach einer Mitgliedschaft in der NATO wurden deshalb in Mittel- und Osteuropa damals zunehmend lauter (Varwick und Woyke 1999, S. 96). Auf Vorschlag der Clinton-Administration wurde schließlich auf dem Brüsseler NATO-Gipfel vom Januar 1994 als Alternative die „Partnerschaft für den Frieden" (PfP) mit den MOE-Staaten vorgestellt, die in zwei wichtigen Punkten über den NAKR hinausging: Erstens erlaubten die individuellen Partnerschaftsabkommen eine Differenzierung und zweitens wurden die Partnerstaaten in die Kernbereiche der NATO, nämlich in gemeinsame militärische Planungen und Kooperationsprogramme mit dem Ziel der Schaffung der Interoperabilität der Streitkräfte, mit einbezogen (Dembinski 2002, S. 283).

Ungeachtet der qualitativen Fortschritte der PfP gegenüber dem NAKR forderten die MOE-Staaten weiterhin ihre Aufnahme in die NATO, zumal auch die

PfP keine Sicherheitsgarantie enthielt. Der entscheidende Umschwung innerhalb der NATO zugunsten der Erweiterung wurde durch einen Stimmungswandel in Washington ausgelöst, wo die PfP als eine Art „Durchlauferhitzer" betrachtet wurde. Mithilfe der im PfP-Programm enthaltenen Leistungen sollten die Beitritts-Aspiranten mit den Strukturen, Mechanismen und Prozessen der Allianz vertraut gemacht und damit auf ein als Vorbedingung für die Aufnahme gedachtes „level of interoperability" gebracht werden. Gleichzeitig wollte die Clinton-Administration Zeit gewinnen, um einen gangbaren Kompromiss zwischen Argumenten pro und contra Osterweiterung zu finden (Meier-Walser und Lange 1996, S. 16). Angesichts der bevorstehenden Kongresswahlen und der großen Zahl wahlberechtigter US-Amerikaner mittel- und osteuropäischer Herkunft rückte Präsident Clinton im Laufe des Jahres 1994 von seiner vormaligen zurückhaltenden Attitüde gegenüber der Aufnahme der MOE-Staaten in das Bündnis ab. Daraufhin leiteten die Außenminister des Bündnisses einen Überprüfungsprozess zur Klärung der näheren Details und der Konsequenzen des Erweiterungsprozesses ein. Das Ergebnis dieser Arbeit wurde im September 1995 in einer „Study on NATO Enlargement" vorgestellt. Knapp zwei Jahre später lud die NATO auf ihrem Gipfeltreffen in Madrid die Tschechische Republik, Ungarn und Polen offiziell zu Beitrittsgesprächen mit der NATO ein. Im März 1999 traten die drei Staaten schließlich als 17., 18. und 19. Mitglied dem Bündnis bei.

Die neuen sicherheitspolitischen Herausforderungen der 1990er Jahre machten auch eine Überprüfung der militärischen Struktur der NATO erforderlich. Nachdem die Staats- und Regierungschefs der NATO bereits auf dem Gipfel im Januar 1994 in Brüssel die Schaffung einer europäischen Verteidigungsidentität innerhalb der NATO und die Einrichtung integrierter Militärstrukturen und multinationaler Verbände als Ziele der Allianz bezeichneten, konnte im Juni 1996 auf der Berliner NATO-Ratstagung das Combined Joint Task Forces-Konzept (CJTF) verabschiedet werden. Diese alliierten, multinationalen (combined) Streitkräftekommandos (task forces) sollten gemeinsam (joint) von der NATO und der WEU genutzt werden können und es den europäischen NATO-Mitgliedern ermöglichen, das Material und die Logistik des Bündnisses zur Durchführung von „Petersberg-Aufgaben" auch ohne die Beteiligung der USA zu verwenden. Das Konzept besaß den Vorteil, dass selbst Verbände von Staaten, die nicht der Allianz angehörten, in die CJTF-Struktur eingegliedert werden konnten und es dadurch insbesondere den PfP-Mitgliedern ermöglicht wurde, sich „aktiv an militärischen Maßnahmen der NATO zum Krisenmanagement und zur Konfliktbewältigung zu beteiligen" (Varwick und Woyke 1999, S. 87).

Neben einer neuen militärischen Struktur legten die weltpolitischen Veränderungen auch eine Neuformulierung des Strategischen Konzeptes der NATO aus dem Jahre 1991 nahe. Im Juli 1997 beschlossen die 16 Staats- und Regierungschefs der NATO auf dem Gipfeltreffen in Madrid die Ausarbeitung eines entsprechenden Dokumentes, womit sie vier Ziele verknüpften: Die zentralen Aufgaben der NATO sollten der veränderten sicherheitspolitischen Lage entsprechend formuliert, die Verpflichtung zur kollektiven Verteidigung und transatlantischen Partnerschaft bekräftigt, ein flexibler Rahmen für militärische Planungen in einer sich weiter verändernden Situation geschaffen und schließlich den Partnerstaaten der NATO, insbesondere Russland und der Ukraine, der neue, „kooperative Charakter des Bündnisses verdeutlicht werden" (Theiler 1999, S. 90). Nach zweijährigen Beratungen, in denen u. a. heftig (und letzten Endes ergebnisoffen) über die Option des nuklearen Ersteinsatzes und die Frage der Mandatierung von NATO-Missionen durch UNO bzw. OSZE gestritten wurde, konnte das neue Strategische Konzept schließlich auf dem Washingtoner NATO-Gipfel im April 1999 verabschiedet werden.

Mit der Aufnahme dreier ehemaliger Warschauer-Pakt-Staaten und der Einigung auf ein neues Strategisches Konzept hat die NATO im Jahre 1999 den Wandel von einer kollektiven Verteidigungsallianz zu einer „Ordnungs- und Stabilitätsinstitution in und für Europa" (Theiler 1999, S. 92) weitgehend vollzogen. Angesichts des Fehlens eines gemeinsamen Feindbildes galt dies als erstaunliche Leistung der „neuen NATO". Allerdings wurde die Kombination der Erweiterung um neue Mitglieder mit der Erweiterung des Aufgabenkataloges von manchen Beobachtern auch als „riskante Doppelerweiterung" bezeichnet und gewarnt, dass die NATO „als Weltpolizist oder, eher noch, als Erfüllungsgehilfe der einzig global aktionsfähigen Weltmacht Amerika sich alsbald überfordert sehen könnte" (Gasteyger 9. März 1999).

2.3   „Koalitionen der Willigen" statt institutionalisierter Sicherheitskooperation – der Bedeutungswandel der NATO nach „9/11"

Vor dem Hintergrund der Entwicklung des Bündnisses in den 1990er Jahren wurde erwartet, dass eine neue, auf beiden Seiten des Atlantiks gemeinsam erkannte Bedrohung, wie sie die Terrorattacken in New York und Washington vom 11. September 2001 (9/11) darstellten, der atlantischen Allianz neue Dynamik und zusätzliche Relevanz verschaffen würde. Tatsächlich erklärte die NATO wenige Tage nach 9/11 zum ersten Mal seit ihrer Gründung den Bündnisfall nach Artikel 5 des Nordatlantikvertrages. Danach wurde es allerdings ruhig um Brüssel, die NATO wurde von Washington de facto aufs Abstellgleis bugsiert und die USA schmiedeten sich ihr Anti-Al-Qaida-Bündnis selbst – auf bilateraler Basis, unter Vernachlässigung etablierter Bündnisstrukturen und getreu der neuen Devise des Pentagon, wonach die Mission das Bündnis bestimme und nicht umgekehrt. Dabei banden die außenpolitischen Strategen in Washington in ihre „coalition of the willing" gegen den internationalen Terrorismus neben traditionellen europäischen Sicherheitspartnern auch „neue" Mitstreiter ein, darunter Russland, China und Pakistan.

Einige Autoren haben den Bedeutungsverlust der NATO nach dem 11. September einzig und allein der Bush-Administration zugeschrieben und die europäischen Allianz-Mitglieder von jeder Verantwortung ausgenommen. Diese Interpretation übersieht jedoch erstens, dass sich aus amerikanischer Sicht der Wert von Verbündeten neben dem Grad an politischer Unterstützung vor allem nach ihren militärischen Fähigkeiten bemisst und die USA in diesem Zusammenhang mit Sorge beobachten mussten, dass die europäischen Verteidigungsausgaben zum Teil drastisch sanken und die rüstungstechnologische Schere zwischen amerikanischen und europäischen Fähigkeiten weit auseinanderging (Hacke 2002, S. 16 f.).

Damit eng zusammenhängend zeigte sich – zweitens – in der Verschlechterung der transatlantischen Beziehungen und der Neuorientierung Washingtons in der Sicherheitspolitik, dass die Bedeutung des „alten Kontinentes" als Sphäre herausgehobener strategischer Bedeutung zumindest stark relativiert worden war. Obwohl Europa bereits im Zuge der Auflösung der Sowjetunion und des Warschauer Paktes auf der Skala außen- und sicherheitspolitischer Interessen der USA nach unten sank, wurde das volle Ausmaß dieser Veränderung erst nach dem Ende der Balkan-Kriege in der Folge der Auflösung Jugoslawiens deutlich (Heisbourg 2003, S. 332). Dass Europa sukzessive aus dem Fokus amerikanischer Sicherheitspolitik rückte, hing ferner damit zusammen, dass sich die Hauptquellen der Energieversorgung außerhalb Europas befanden, dass der islamische Fundamentalismus die sicherheitspolitische Aufmerksamkeit der USA von Europa ablenkte, dass die Gefahren nuklearer Bewaffnung in Asien sowie im Nahen und Mittleren Osten lagen und dass vor diesem Hintergrund die USA zumindest keine primären Interessen mehr in Europa zu sichern hatten (Weidenfeld 2003, S. 350).

Drittens müssen die Erfahrungen der USA während des Kosovo-Krieges im Frühjahr 1999 berücksichtigt werden. Damals hatten die europäischen NATO-Staaten ein hohes Maß an Mitsprache und Abstimmung gefordert, was den USA wegen des damit verbundenen Zeitaufwandes als überflüssig erschien und was sie „angesichts der begrenzten militärischen Kräfte der Europäer für wenig gerechtfertigt hielten" (Haftendorn 2002, S. 79). US-General Wesley Clark, von 1997 bis 2000 Supreme Allied Commander Europe (SACEUR), erinnerte sich später, dass es während der Kosovo-Krise schwierig war, die innerhalb der NATO notwendige Einstimmigkeit als Entscheidungsgrundlage herzustellen (Clark 2001, S. 450). Washingtons Schlussfolgerung war folglich, „no more war by committee".

Viertens hat die Veränderung der weltpolitischen Machtkonfiguration nach dem Ende des Ost-West-Konfliktes und die Tatsache, dass die USA seither die einzige militärische Supermacht sind, eine grundsätzliche Differenz zwischen den Vereinigten Staaten und deren europäischen Verbündeten hinsichtlich der Frage, ob internationale Probleme auf multilateraler Ebene gelöst werden sollen, noch zusätzlich verstärkt: Während die USA traditionell weit gehende außenpolitische Autonomie zu bewahren suchen, favorisieren die Europäer multilaterale Lösungen zur Klärung internationaler Probleme und setzen auf die friedensstiftende Kraft internationaler Organisationen wie der UNO.

Fünftens kann nicht geleugnet werden, dass die NATO auf Anti-Terror-Maßnahmen außerhalb des Bündnisgebietes nicht vorbereitet war. Im Strategischen Konzept von 1999 war zwar auf die neuen Sicherheitsrisiken durch Terrorismus hingewiesen worden, jedoch blieben diese Hinweise zunächst ohne Konsequenzen für konkrete operative Planungen.[2]

Angesichts des globalen sicherheitspolitischen Wandels nach 9/11 im Allgemeinen sowie der erwähnten Gründe für die Relativierung der NATO durch die USA im Besonderen wurde im Verlauf der durch den Irak-Krieg ausgelösten transatlantischen Krise des Jahres 2003 auf beiden Seiten des Atlantiks die Vermutung geäußert, dass das Ende der NATO als Allianz kollektiver Verteidigung in absehbarer Zeit bevorstehe. Nur wenige Monate später, auf dem NATO-Gipfel im Juni 2004 in Istanbul, bekräftigten jedoch sowohl die Europäer als auch die USA ihren Willen, die Fähigkeiten der Allianz im Kampf gegen neue Sicherheitsrisiken zu stärken (Moore 2007, S. 115–141). Ungeachtet ihrer außenpolitischen Schwerpunktverlagerung in Richtung Asien und Arabischer Halbinsel war es den USA nämlich nicht gleichgültig, wie sich Europa verändern und in welche Richtung sich die Europäische Union entwickeln würde. Eine Einflussnahme auf die europäische Ordnungsgestaltung – etwa im Hinblick auf die von den USA favorisierte Aufnahme der Türkei in die EU – war für Washington aber vor allem durch die Führungsrolle in der NATO möglich, weswegen die USA weder diese privilegierte Position aufgeben noch gar eine Auflösung der NATO betreiben wollten (Rühle 2003, S. 364).

Die USA und Europa, so eine weitere damalige Überlegung, seien nicht nur die am stärksten wirtschaftlich verbundenen Regionen der Welt, beide blieben

---

[2]Erst auf dem Prager Gipfel vom November 2002 konkretisierte die NATO ihre Rolle in der Terrorbekämpfung.

füreinander auch strategische Partner – ungeachtet der Tatsache, dass die USA anderen Regionen in jüngerer Zeit mehr Beachtung schenkten. Im Gegensatz zu manch anderen „neuen Partnern" verbanden die USA mit den Staaten Westeuropas eine jahrzehntealte Interessen- und Wertegemeinschaft, mit anderen Worten ein „politisches Milieu, das nahezu vorbehaltlos auf die weltweite Kooperation mit den USA angelegt ist" (Rühle 2003, S. 365). Während die Europäer für die USA insbesondere aufgrund dieser Disposition gewissermaßen „natürliche" Partner blieben, war die NATO vor allem deshalb für Europa nach wie vor von signifikanter Bedeutung, weil sie die einzige Institution war, die die sicherheitspolitische Bindung der USA an den „alten" Kontinent und damit den Fortbestand der eingespielten und gut funktionierenden transatlantischen Sicherheitsarchitektur weiter gewährleistete (Yost 1998, S. 50).

Diese transatlantische Bindekraft der NATO, die insbesondere in der traditionellen Rolle der USA als „Europe's Pacifier" (Joffe 1984, S. 64) zum Ausdruck kam, hatte sich aber nach dem Ende des Ost-West-Konfliktes deutlich abgeschwächt, wobei das wachsende Desinteresse der USA an der NATO zum Teil von den Europäern selbst verschuldet wurde. Die sich während der Irak-Krise auftuende Kluft zwischen dem, so US-Verteidigungsminister Rumsfeld, „alten Europa" (Deutschland und Frankreich) und dem „neuen Europa" (den Mitgliedern und damaligen Beitrittskandidaten von EU und NATO, die die USA unterstützten) versetzte den Ambitionen der EU, ihre Außen- und Sicherheitspolitik zu vergemeinschaften, einen empfindlichen Schlag und führte gar zu der Befürchtung, Europa könne in das System des Gleichgewichts der Kräfte des 19. Jahrhunderts zurückfallen, also in jenes konfliktträchtige System, „dem zu entkommen die Europäer sich nach 1945 so entschieden bemüht haben" (Pond 2003, S. 443). Solange die EU aber nicht dazu in der Lage war, die sicherheitspolitischen Herausforderungen Europas gemeinschaftlich und selbstständig, also ohne Hilfe der Vereinigten Staaten, zu bewältigen, wurde die NATO von Europa mehr gebraucht als von den USA (Haftendorn 2002, S. 81).

Der Funktions- und Bedeutungswandel der Allianz in einer Welt der Krisen und Konflikte 3

3.1 Von der Territorialverteidigung zur Verteidigung „gemeinsamer Grundsätze"

In gewisser Weise galt für das transatlantische Bündnis nach dem Ende des Kalten Krieges das häufig zitierte Verdikt US-Außenminister Dean Achesons aus dem Jahre 1962, wonach Großbritannien ein Empire verloren, aber noch keine neue (post-imperiale) Rolle gefunden habe. Die NATO müsse ihre Rolle in der post-sowjetischen Weltordnung erst noch finden, befanden sogar noch im Juni 2004 der britische „Economist" und die „Financial Times".

Obwohl auf dem NATO-Gipfel im November 2002 in Prag, der als „NATO's Transformation Summit" (Cornish 2004, S. 64) präsentiert wurde, ein ambitioniertes umfangreiches Programm der Transformation der NATO beschlossen wurde, das neben weitreichenden Formen der Kommandostruktur die Schaffung der NATO Response Force (NRF) und die Verabschiedung des Prague Capabilities Commitment (PCC) beinhaltete, litt die Umsetzung einiger der Beschlüsse unter dem transatlantischen Zerwürfnis im Zuge der Irak-Krise. Insofern wurde der NATO-Gipfel Ende Juni 2004 in Istanbul von der mittlerweile wieder erheblich verbesserten transatlantischen Großwetterlage begünstigt. Der Gipfel, auf dem zum ersten Mal die Staats- und Regierungschefs der nun insgesamt 26 NATO-Mitglieder zusammentrafen, fand statt vor dem Hintergrund der von NATO-Generalsekretär Jaap de Hoop Scheffer formulierten Notwendigkeit einer funktionalen Akzentverschiebung des Bündnisses, die die kollektive Verteidigung des NATO-Gebietes zwar nicht vernachlässige, gleichzeitig aber den neuen internationalen Risiken und Bedrohungen mehr Beachtung schenken solle. Tatsächlich beschlossen die Staats- und -Regierungschefs der Allianz in Istanbul u. a. eine Erweiterung der NATO-Mission in Afghanistan, eine Vertiefung des Mittelmeer-Dialoges, die Erweiterung der Partnerschaften mit Russland, der Ukraine, dem

© Springer Fachmedien Wiesbaden GmbH 2018
R. Meier-Walser, *Die NATO im Funktions- und Bedeutungswandel,*
essentials, https://doi.org/10.1007/978-3-658-20099-2_3

Kaukasus und Zentralasien, die Einrichtung einer neuen und ständigen „NATO Terrorist Threat Intelligence Unit" sowie Unterstützungsmaßnahmen der neuen irakischen Regierung u. a. durch die Ausbildung irakischer Sicherheitskräfte.

War die NATO während des Kalten Krieges eine „klassische", in ihrem Aktionsradius auf das Territorium der Mitgliedsstaaten beschränkte Verteidigungsallianz mit der gegenseitigen Beistandsverpflichtung des Art. 5 als zentralem Element, so mutierte sie während der 1990er Jahre und nicht zuletzt auch in der Folge von 9/11 zu einem Bündnis der kollektiven Sicherheit mit weiter reichenden Zielen und einem über das Bündnisgebiet hinausreichenden („out of area") Aktionsradius. In den Worten des ehemaligen US-Außenministers Colin Powell wandelte sie sich von einem Bündnis, „dessen Hauptaufgabe die Verteidigung des gemeinsamen Bündnisgebietes war, in ein Bündnis, dessen Hauptaufgabe die Verteidigung der gemeinsamen Grundsätze ist" (Powell 31. März 2004).

Während die bündnisinterne Diskussion der militärischen Aspekte des Transformationsprozesses der NATO von dem leidigen Streitpunkt der Höhe der Verteidigungsausgaben überschattet wurden, standen im Mittelpunkt der politischen Dimension der Veränderungen vor allem die eng miteinander verknüpften Fragen nach der funktionalen und regionalen Reichweite der Allianz. Die Stärkung der politischen Dimension der NATO (Rühle 2005, S. 68), die neben dem Dialog mit den Mittelmehr-Ländern und den Verbindungen zu den Ländern des Golf-Kooperationsrates u. a. auch partnerschaftliche Beziehungen zu Australien, Neuseeland, Japan und Südkorea (sog. „Kontaktländern") pflegte, neben militärischen Missionen wie in Afghanistan humanitäre Aktionen (z. B. Hilfe für Erdbebenopfer) durchführte, internationale Sportveranstaltungen wie Olympiaden und Fußballweltmeisterschaften mit AWACS-Aufklärungsflugzeugen schützte und sich im Zuge ihrer funktionalen Veränderung auch Themen wie Energiesicherheit zuwandte, sollte aber dem Verständnis des damaligen NATO-Generalsekretärs zufolge nicht als Überdehnung der Aufgaben des Bündnisses („Weltpolizei") missinterpretiert werden.

Angesichts des begonnenen Wandels des Bündnisses von einer regionalen Verteidigungsallianz zu einem globalen Akteur der kollektiven Sicherheit und Stabilität wurde auch eine Neuformulierung der globalen Strategie der NATO gefordert (Kamp 28. Juni 2004, S. 180), zumal das gültige Strategische Konzept noch aus dem Jahre 1999 stammte. Anders als die USA und die EU, die in ihren Sicherheitsstrategien vom September 2002 bzw. Dezember 2003 die Veränderungen der internationalen Sicherheitslage zu Beginn des 21. Jahrhunderts bereits berücksichtigen konnten, hatte die NATO noch keine gemeinsame strategische Antwort auf den Paradigmenwandel in der internationalen Sicherheitspolitik seit 9/11 formuliert.

Rückblickend betrachtet konnte sich die NATO ungeachtet sowohl ihrer Relativierung zugunsten von „Koalitionen der Willigen" nach 9/11 als auch der schweren transatlantischen Krise in der Folge des Irak-Krieges von 2003 innerhalb weniger Jahre in doppelter Hinsicht konsolidieren: Zum einen durch den bereits erwähnten Funktionswandel von einem kollektiven Verteidigungsbündnis zu einem die Veränderungen der internationalen Sicherheitslage reflektierenden Bündnis zur Verteidigung gemeinsamer Werte, zum anderen durch das mit diesem Funktionswandel zusammenhängende sukzessive Verstummen derjenigen Auguren, die der NATO das „Totenglöckchen" (Kamp 2002, S. 29) geläutet hatten.

So ging es weder auf der 42. Münchner Konferenz für Sicherheit im Februar 2006 noch beim NATO-Gipfel in Riga im November 2006 um die zuvor häufig gestellte und kontrovers diskutierte Frage, ob die NATO überhaupt eine Zukunft hat, sondern wie die NATO der Zukunft aussieht, welche Aufgaben das Bündnis erfüllen, welche Einsätze es absolvieren und wie weit es sich ausdehnen soll. NATO-Generalsekretär de Hoop Scheffer sprach zwar mit Blick auf den Funktionswandel des Bündnisses von „transforming" anstelle von „transformed" und machte damit deutlich, dass der Prozess noch nicht abgeschlossen sei. Gleichzeitig wurde im Rahmen bereits der Münchner Konferenz aber deutlich, dass das Bündnis im amerikanisch-europäischen Beziehungsgefüge wieder erheblich an Gewicht gewonnen hatte. Obwohl die im Rahmen des Irak-Krieges entstandenen Spannungen im Bündnis noch nicht restlos überwunden waren, war es den USA und ihren europäischen NATO-Partnern gelungen, die Wogen zu glätten und zu einem konstruktiven Vertrauensverhältnis zurückzufinden. Diese Bemühungen reflektierten nicht zuletzt die auf beiden Seiten des Atlantiks gewonnene Erkenntnis, dass die neuen Bedrohungen der internationalen Sicherheit wie Terrorismus, Proliferation von Massenvernichtungswaffen, Staatszerfall etc. weder von Europa noch von den USA allein bewältigt werden konnten, sondern dass beide Seiten verlässliche Partner und eine stabile gemeinsame Sicherheitsarchitektur benötigten.

3.2   NATO und Russland: Von „gleichberechtigter Partnerschaft" über neue Konfrontation zu „Abschreckung und Dialog"

Nachdem sich bis zur Mitte der 1990er Jahre innerhalb der NATO, vor allem aber in Washington, die Überzeugung durchgesetzt hatte, dass ohne die „formelle Einbeziehung Russlands in die neue Sicherheitsarchitektur keine dauerhafte Sicherheitsordnung für Europa möglich sei" (Varwick und Woyke 1999, S. 101), intensivierte das Bündnis seine Bemühungen zur Schaffung einer Sicherheitspartnerschaft mit

Moskau. Gleichzeitig wollte man dadurch vermeiden, dass die anvisierte Ost-Erweiterung zu einer substanziellen Verschlechterung der Beziehungen zu Russland führen würde. So konnten nach viermonatigen intensiven Verhandlungen zwischen NATO-Generalsekretär Solana und dem russischen Außenminister Primakow die Staats- und Regierungschefs der NATO und der russische Präsident Jelzin im Mai 1997 in Paris die „NATO-Russland Grundakte über gegenseitige Beziehungen, Kooperation und Sicherheit" unterzeichnen. Explizit hervorgehoben wurde in dem Dokument, dass die Grundakte u. a. die Einbeziehung Russlands in die von der NATO zur Umsetzung der militärischen Aspekte des Friedensabkommens von Dayton aufgestellte IFOR- (Implementation Force) bzw. SFOR-Mission (Stabilization Force) in Bosnien-Herzegowina reflektierte. Obwohl die Grundakte eine breite Palette von Themen möglicher Kooperation zwischen der NATO und Russland auflistete – von Konfliktprävention über Peacekeeping bis zur Bekämpfung nuklearer Proliferation –, räumte sie keinem der Partner ein Mitspracherecht in den Sicherheitsangelegenheiten des jeweils anderen ein. Ungeachtet dieser Einschränkungen sowie der Tatsache, dass die Grundakte nicht als ratifizierungspflichtiger völkerrechtlicher Vertrag, sondern lediglich als politische Absichtserklärung konzipiert worden war, verkörperte sie die Grundlage einer Sicherheitspartnerschaft zwischen der NATO und Moskau und trug letztlich „entscheidend dazu bei, Polen, Ungarn und der Tschechischen Republik den Weg in die NATO zu ermöglichen" (Varwick und Woyke 1999, S. 113).

Im Jahre 2002 wurde die sicherheitspolitische Kooperation zwischen der NATO und Russland weiter intensiviert, als ein ursprünglich als lockeres Konsultationsforum parallel zur Grundakte geschaffener gemeinsamer Rat offiziell als „NATO-Russland-Rat" institutionalisiert wurde. Dieses Forum diente wie die Grundakte der Förderung des Vertrauens sowie der Weiterentwicklung der Partnerschaft und sollte „zum wichtigsten Forum für Konsultationen, besonders in Krisenzeiten, zwischen Russland und der NATO" (Varwick 2008, S. 109) werden. Mit der Grundakte und dem Rat, für den Moskau eigens eine Vertretung in Brüssel schuf, entstand eine wenige Jahre zuvor noch kaum für möglich erachtete politische Konstruktion, die die Basis schuf „für eine permanente Sicherheitspartnerschaft" (Varwick 2008, S. 109) der ehemaligen Gegner.

Die zweite Osterweiterung der NATO im April 2004 fand deshalb in einem Klima konstruktiver sicherheitspolitischer Annäherung zwischen der Allianz und Russland statt. Der Beitritt der sieben nordost-, mittel- und südosteuropäischen Staaten (Estland, Lettland, Litauen, Slowenien, Slowakei, Rumänien und Bulgarien) war in mehrfacher Hinsicht – vor allem im Bereich des Symbolischen, Politischen, Strategischen und Operativen – von signifikanter Bedeutung für die NATO:

Die symbolische Bedeutung dieser Erweiterungsrunde lag in der Tatsache, dass mit Estland, Lettland und Litauen drei ehemalige Sowjetrepubliken und mit Slowenien erstmals eine frühere Teilrepublik Jugoslawiens dem westlichen Bündnis beitraten. Gleichzeitig wurde, so der ehemalige Leiter des NATO-Militärausschusses, General Harald Kujat, die Stabilitätszone, „die das NATO-Bündnisgebiet ausmacht, weiter ausgedehnt"[1]. Die NATO hatte damit, aus der alten Logik geboren, den „Krieg vorzubereiten, wenn man den Frieden wolle", weit mehr gewonnen als nur Sicherheit: „Sie leistet einen umfassenden Beitrag zur Einbindung und Stabilisierung potenziell instabiler Gesellschaften" (Gnauck 2. April 2004), ohne den auch der gemeinsame Kampf der westlichen Bündnispartner gegen den internationalen Terrorismus nicht gewonnen und die Bewältigung anderer Sicherheitsrisiken, mit denen Europa konfrontiert war, nicht geleistet werden konnte.

Obwohl mit der Aufnahme der drei baltischen Staaten die vermeintliche „rote Linie" überschritten wurde, war es im Vorfeld der Erweiterung gelungen, Moskau durch die Verabschiedung der NATO-Russland-Grundakte und die Bildung des NATO-Russland-Rates in das westliche Bündnis einzubinden und dadurch eine Verschärfung der Beziehungen zum Kreml zu vermeiden. Im Gegenzug zu den Bemühungen der NATO-Staaten, Russland nicht zu verprellen, „fuhr Moskau (stillschweigend) seine Kritik an der NATO-Erweiterung weitgehend zurück" (Kamp 2003, S. 414).

Die strategische Dimension der neuen Erweiterungsrunde (Frankenberger 2. April 2004) bestand zum einen im unmittelbaren Heranrücken der NATO an die Grenze Russlands (durch die Aufnahme der baltischen Staaten), zum anderen durch die Schließung der Lücke zur Türkei (durch die Aufnahme Bulgariens und Rumäniens). Galt bereits die erste Osterweiterung der NATO im Frühjahr 1999 als strategischer Gewinn Washingtons, so vergrößerte sich insbesondere durch die zweite Osterweiterung des Bündnisses – ganz im Gegensatz zu den Intentionen Frankreichs – der politische Einfluss der USA in Europa. Aus der Perspektive der Staaten der östlichen Hälfte des Kontinentes genoss die westliche Allianz oberste sicherheitspolitische Priorität, weil die USA und nicht die EU als Garant der eigenen Sicherheit betrachtet wurden. Die NATO wurde durch ihre Erweiterung im April 2004 insofern nicht nur „osteuropäischer", sondern „auch ein Stück ,amerikanischer'" (Bücherl 2003, S. 57). Damit erhöhte sich der Spielraum der USA, sich aus dem „Werkzeugkasten" der NATO von Fall zu Fall neue „Koalitionen der Willigen" zu formen (Meier-Walser 2005, S. 40).

---

[1]Im Interview mit der Tageszeitung Die Welt, 02.04.2004.

Was den operativen Bereich anbetraf, so gewann die NATO mit den sieben neuen Mitgliedern 200.000 Soldaten, 3000 überwiegend betagte Panzer sowie 350 Kampfflugzeuge (Gnauck 2. April 2004). Der „wichtigste Beitrag" der sieben neuen Mitglieder bestand jedoch in der Zurverfügungstellung ihres Territoriums und ihres Luftraumes (Haftendorn und Gaul April 2004, S. 8). Alle sieben Länder hatten zwar Defizite im Bereich ihrer Führungs- und Aufklärungsfähigkeiten sowie im Ausbildungs- und Bereitschaftsgrad. Andererseits lag ihr Verteidigungsetat als Anteil am Bruttoinlandsprodukt höher (Bulgarien 2,5 %, Estland 1,6 %, Lettland 1,8 %, Litauen 1,8 %, Rumänien 2,3 %, Slowakei 2,0 %, Slowenien 1,5 %) als etwa bei Deutschland, das mit 1,4 % am unteren Ende der gesamten NATO rangierte (Haftendorn und Gaul April 2004, S. 7). Generell galt, dass mit der nunmehr 26 Staaten umfassenden Allianz Gewicht und Einfluss im Bündnis künftig „weniger durch die traditionelle Rolle" in der NATO oder die „schiere Größe des Mitgliedslandes", sondern durch die zur Verfügung gestellten „nutzbaren Kapazitäten" (Kamp 2003, S. 417) definiert werden konnten.

Während die zweite Runde der NATO-Osterweiterung in einem Klima der sicherheitspolitischen Annäherung und Kooperation zwischen dem westlichen Bündnis und Moskau stattfand, markiert diese Ausweitung der Allianz bis an die Westgrenzen Russlands rückblickend betrachtet einen Wendepunkt in den Beziehungen zu Moskau.

Dafür war zum einen die sich bereits etwa ein Jahr nach Beginn des Irak-Krieges wieder deutlich verbessernde Atmosphäre in den transatlantischen Beziehungen verantwortlich. Diese zeigte sich im Rahmen des NATO-Gipfels im Juni 2004 in Istanbul, bei dem die um die sieben neuen Mitglieder erweiterte Allianz ein ambitioniertes Programm verabschiedete, das neben den bereits erwähnten Projekten auch eine Erweiterung der Partnerschaften mit der Ukraine, dem Kaukasus und Zentralasien beinhaltete. Neben dieser in Moskau mit Ablehnung zur Kenntnis genommenen Initiative zur Intensivierung der Beziehungen zwischen der Allianz und Anrainern Russlands kam es auch zu massiven Spannungen im NATO-Russland-Rat, weil das Bündnis Moskaus Forderungen nach mehr Mitspracherechten verweigerte. Gleichzeitig forderte allerdings die nunmehr wieder kohärentere NATO Russland als Vorbedingung zur Ratifizierung des Angepassten Vertrages über Konventionelle Streitkräfte in Europa (AKSE) auf, seine Verpflichtungen aus dem Istanbuler OSZE-Gipfel von 1999 („Istanbul Commitments") zu erfüllen und seine Truppen aus Georgien und Transnistrien abzuziehen. Da Moskau dies strikt ablehnte, beharrte auch die NATO auf ihrer Position, was zu einer Verhärtung der Fronten führte und den russischen Präsidenten Wladimir Putin schließlich im November 2007 veranlasste, die Mitgliedschaft Russlands im AKSE aufzukündigen.

Bereits Anfang des Jahres 2007 hatte Putin in einer scharfen Brandrede auf der Münchner Sicherheitskonferenz die NATO-Osterweiterung und das geplante US-Raketenabwehrsystem in Osteuropa (Raketenbatterien in Polen, Großradaranlagen in Tschechien) heftig gegeißelt und vor einem neuen Wettrüsten gewarnt. Obwohl zwei Jahre später US-Außenministerin Hillary Clinton und ihr russischer Amtskollege Sergej Lawrow mit einer symbolischen „Reset"-Geste den Willen zu einem unbefangenen Neustart in den amerikanisch-russischen Beziehungen bekundeten, blieb das Verhältnis zwischen Moskau und Washington sowie generell zwischen Moskau und dem westlichen Bündnis angespannt.

Zu einer geradezu dramatischen Verschlechterung der Beziehungen der Allianz zu Moskau führte die Eskalation der Ukraine-Krise und insbesondere die Annexion der Krim durch Russland im März 2014. Während wenige Jahre zuvor auf beiden Seiten noch der Wille zur Etablierung einer „Strategischen Partnerschaft" bekundet worden war, erinnerten die frostige Atmosphäre und das von Konfrontation geprägte Vokabular nun eher wieder an die Zeiten des Kalten Krieges. Die schwere Krise zwischen der NATO und Russland überschatte auch den NATO-Gipfel im September 2014 in Newport in Wales. Während der ursprünglichen Tagungsagenda zufolge primär die Zukunft der NATO nach dem Ende der Afghanistan-Mission erörtert werden sollte, stand schließlich vor allem die Frage nach den Konsequenzen der Ukraine-Krise für das Bündnis im Mittelpunkt des Gipfeltreffens (Major 2014, S. 1). Die 22-seitige Abschlusserklärung enthielt in ihren insgesamt 113 Paragrafen nahezu ausschließlich Fragen und Problemstellungen, die mit der Zuspitzung der Situation in Osteuropa zusammenhingen.

Zwei Jahre später, auf dem NATO-Gipfel in Warschau im Juli 2016, war die Situation kaum anders. Wie in Wales wurde die Tagesordnung der Staats- und Regierungschefs wieder durch den Konflikt zwischen dem Bündnis und Russland bestimmt, der sich im Vorfeld des Warschauer Spitzentreffens noch weiter verschärft hatte. Obwohl die NATO mittlerweile alle zivilen und militärischen Kooperationsstränge zu Moskau suspendiert hatte, wollte sie zumindest nicht auch noch alle Kommunikationskanäle kappen und zeigte sich daher in ihrem Schlusskommuniqué von Warschau „open to political dialogue with Russia"[2].

Aufgrund des tiefen Zerwürfnisses zwischen der Allianz und Russland, das durch die Entwicklungen in den Krisenregionen des Mittleren Ostens (Syrien, Irak etc.), in denen beide Seiten unterschiedliche Interessen verfolgen und zum Teil gegnerische Seiten unterstützen, zusätzliche Verschärfung erfahren

---

[2]Vgl. Paragraf 15 des Schlusskommuniqués des Warschauer Gipfels http://www.nato.int/cps/en/natohq/official_texts_133169.htm?selectedLocale=en. Zugegriffen: 1. September 2017.

hat, gewann die Frage der Strategie der NATO gegenüber Russland eine zentrale Bedeutung für das Bündnis. Angesichts der unstrittigen Notwendigkeit einer grundlegenden Neugestaltung der Beziehungen zu Moskau hatten Experten bereits zu Beginn der Ukraine-Krise in diesem Zusammenhang eine „neue Balance zwischen Rückversicherung der Alliierten, Sanktionsmöglichkeiten sowie Anreizen gegenüber Russland und einer Fortsetzung des Dialogs" (Major 2014, S. 3) gefordert. In Warschau hat sich die NATO schließlich zu einer Doppelstrategie aus „Abschreckung und Dialog" entschieden – ein Schritt der deutlich an einen Strategiewandel des Bündnisses in den 1960er Jahren erinnert: Vor dem Hintergrund der Erkenntnis, dass angesichts der nuklearen Kapazitäten der Sowjetunion eine Strategie der „massiven Vergeltung" kaum noch glaubwürdig war, hatte der belgische Außenminister Pierre Harmel gegen Ende des Jahres 1967 für einen Strategiewandel der NATO plädiert. Diesem sogenannten „Harmel-Bericht" zufolge, der ein Jahr später in die Formulierung der Strategie der „flexiblen Antwort" mündete, sollte die NATO sich auf zwei sich gegenseitig ergänzende Kernfunktionen (gegenüber der UdSSR und dem Warschauer Pakt) konzentrieren: Einerseits Abschreckung durch Betonung militärischer Stärke und Verteidigungsbereitschaft, andererseits Entspannung durch Signale der Dialogbereitschaft.

Wie bereits im Zuge der damaligen Diskussion des „Harmel-Berichts" gehen NATO-Kreise auch heute wieder davon aus, dass „Abschreckung" und „Dialog" keine Gegensätze darstellen, sondern sich sogar gegenseitig ergänzen und bedingen. Vor allem soll nicht der Eindruck entstehen, dass die NATO gespalten sei und einige Mitglieder auf Abschreckung setzten und andere auf Dialog. Die Vermittlung des Bildes innerer Geschlossenheit insbesondere gegenüber dem russischen Präsidenten ist auch deshalb so bedeutsam für das Bündnis, weil eine wissenschaftliche Studie der RAND-Corporation 2016 offenlegte, dass die NATO unter den gegebenen Umständen das Staatsgebiet ihrer „most exposed members" nicht erfolgreich gegen äußere Aggression verteidigen könnte. Um die Hauptstädte von Estland und Lettland, Tallin bzw. Riga zu erreichen, bräuchte die russische Armee lediglich etwa 60 Stunden (Shlapak und Johnson 2016, S. 1). Die RAND-Studie geht aber gleichzeitig davon aus, dass mit einem relativ moderaten Aufwand von sieben, davon drei schwer bewaffneten Brigaden, die NATO die Schwelle für einen „rapid overrun of the Baltic states" zumindest sehr hoch setzen könnte (Shlapak und Johnson 2016, S. 2). Insofern ist auch die beschlossene Stationierung rotierender multinationaler Truppenverbände in den drei baltischen Staaten und in Polen zusammen mit der 5000 Mann starken „Very High Readiness Joint Task Force", der „Speerspitze" der Schnellen Eingreiftruppe der NATO, als ein charakteristisches Signal im Sinne der Doppelstrategie „Abschreckung und Dialog" zu sehen. Einerseits soll den NATO-Verbündeten an der Grenze zu Russland ein deutliches Zeichen der Solidarität gesendet und gleichzeitig durch eine Kombination militärisch-materieller Maßnahmen und politisch-symbolischer Gesten ein „Stolperdraht" für Russland gezogen werden. Andererseits setzt die NATO auf De-Eskalation, indem sie an mehreren Stellen der Schlusserklärung ihres Warschauer Gipfels ihre grundlegenden Ziele wie Freiheit, Frieden und Sicherheit unterstrich und explizit sogar das nach wie vor vorhandene Interesse an einer „Partnerschaft zwischen der NATO und Russland" betonte.[3]

Ob mit dieser Doppelstrategie gegenüber Moskau die damit verknüpften Ziele der NATO erreicht werden, lässt sich ein Jahr nach dem Warschauer Gipfel noch nicht abschließend beurteilen. Klar ist jedenfalls, dass die an den Kreml adressierten Partnerschaftsangebote keine Resonanz erfahren haben. Auch die Erwartungen von NATO-Experten, im Laufe des Jahres 2017 könne mittels erfolgreicher „Suche nach Kompromisslinien" in den sicherheitspolitischen Kernstreitpunkten ein „Modus Vivendi mit Russland" gefunden und damit ein „Wendepunkt" im Konflikt zwischen NATO und Russland erreicht werden (Varwick 2016, S. 238), haben sich zumindest bislang nicht erfüllt. Stattdessen wurden in den vergangenen Monaten immer neue „Tiefpunkte" in den Beziehungen zwischen dem Bündnis und Moskau diagnostiziert (Adomeit 2017), zumal das ohnehin gespannte Verhältnis durch weitere Streitpunkte zusätzliche Belastung erfuhr. Hintergrund der jüngsten Friktionen ist zum einen der Vorwurf aus Brüssel, Moskau verletze den INF-Vertrag aus dem Jahre 1987, der Bau und Stationierung bodengestützter atomarer Kurz- und Mittelstreckenraketen mit einer Reichweite von bis zu 5500 km verbietet. Ende August 2017 äußerte die NATO nicht nur ihre „ernste Besorgnis" über diesen Verstoß, sondern ließ erkennen, dass sie eine ganze Reihe von Optionen (darunter einen Ausbau der nuklearen Abschreckung) erwäge, um auf Moskaus Vertragsverletzung zu reagieren (Kampf und Mascolo 1. September 2017). Zum anderen entwickelte sich im Vorfeld des russisch-weißrussischen Militär-Großmanövers „Sapad" (russisch: Westen) im September 2017 an der Grenze zu Polen und den baltischen Staaten ein regelrechter Nervenkrieg zwischen Moskau und Brüssel, zumal im Bündnis nicht verborgen geblieben ist, dass Russlands Präsident Putin ein „Meister der hybriden Kriegführung ist und es versteht, Übungen in offensive Operationen übergehen zu lassen" (Nuspliger 2. September 2017). Sowohl der Invasion in Georgien 2008 als auch der Annexion der Krim 2014 waren russische Militärübungen vorausgegangen.

---

[3]Vgl. Paragraf 15 des Schlusskommuniqués des Warschauer Gipfels (http://www.nato.int/cps/en/natohq/official_texts_133169.htm?selectedLocale=en). Zugegriffen: 30. August 2017.

3.3   Die NATO nach Wales und Warschau: Von der „Legitimationskrise" über die „Frischzellenkur" in die „Glaubwürdigkeitskrise"?

Während des ersten Jahrzehntes nach dem Ende des Kalten Krieges war es der NATO im Zuge ihres bereits erwähnten Funktionswandels gelungen, eine neue raison d´être zu erwerben und damit die mit dem Wegfall des „gemeinsamen Feindes" nach dem Ende der Sowjetunion entstandene Legitimationskrise zu überwinden (Meier-Walser 2016a, S. 12–14). Die NATO wurde allerdings bereits kurze Zeit darauf in eine erneute Krise gestürzt, als die USA in der Folge der Terrorattacken gegen New York und Washington im September 2001 das vormals sozusagen „obligatorische" Sicherheits- und Verteidigungsinstrument der Atlantischen Gemeinschaft, zugunsten ad hoc zusammengestellter „Koalitionen der Willigen" relativierten. Diese Kursänderung der Bush-Administration irritierte Washingtons europäische Partner und mündete in eine Sinnkrise des Bündnisses, die durch die transatlantischen Zerwürfnisse im Zuge des in Europa heftig umstrittenen Irakkrieges im Jahre 2003 noch zusätzlich verschärft wurde. Die NATO, so die damalige Diagnose einschlägiger Experten, verkümmere zu einem „transatlantischen Freundschaftspakt von Gleichgesinnten" (Josef Joffe), einer „OSZE mit militärischem Anstrich" (Katja Ridderbusch) oder gar einem „gehobenen Schützenverein" (Nikolaus Busse). Christoph Bertram, damals Direktor des außenpolitischen Thinktanks „Stiftung Wissenschaft und Politik", prognostizierte im Jahre 2004 sogar ihren „Zerfall" (Bertram 2. August 2004).

Der bündnispolitische Kurswechsel der Bush-Administration rief eine Formel in Erinnerung, die Lord Palmerston, der große britische Diplomat und Staatsmann, der zwischen 1832 und 1852 sowohl unter Tory- als auch Whig-Premiers diente und 1855 selbst Chef der Regierung Königin Viktorias wurde, prägte: Staaten, so Palmerstons im historischen Vergleich internationaler Konstellationen gewonnene Erkenntnis, besäßen keine ewigen Verbündeten, sondern lediglich ewige Interessen (Thomson 2003–2004, S. 206). Gleichzeitig reflektierte dieser Kurswechsel aber auch die nicht unberechtigte Sorge der USA über einen wachsenden „capability gap" innerhalb des Bündnisses infolge zum Teil drastisch sinkender Verteidigungsausgaben aufseiten der europäischen Bündnispartner. Während die USA „im Begriff waren, ihre Streitkräfte neuen Anforderungen anzupassen und mit elektronischen Waffensystemen auszurüsten, hatten die Europäer die militärtechnologische Revolution weitgehend verschlafen beziehungsweise waren nicht bereit, die dafür erforderlichen Finanzmittel aufzubringen" (Haftendorn 2002, S. 79).

Nach dem Abtreten der Hauptantagonisten in der Irakkrise (Präsident Bush auf amerikanischer, Präsident Chirac und Bundeskanzler Schröder auf europäischer Seite) konnten die transatlantischen Sicherheitsbeziehungen allmählich wieder verbessert werden. Bushs Nachfolger Barack Obama korrigierte den Unilateralismus seines Vorgängers und versicherte den Verbündeten Washingtons stärkere Einbindung im Zuge seines Ansatzes eines außenpolitischen Multilateralismus. Bundeskanzlerin Angela Merkel wiederum revidierte Gerhard Schröders Kurs der Äquidistanz Berlins zwischen Paris und Moskau zugunsten der noch auf Konrad Adenauer zurückgehenden Maxime, dass die Außenpolitik der Bundesrepublik Deutschland Äquidistanz zwischen Paris und Washington zu beachten habe. Und Paris selbst setzte ein deutliches Zeichen zugunsten transatlantischer Kooperation, indem Chiracs Nachfolger Nicolas Sarkozy im April 2009 die Rückkehr Frankreichs in die militärische Kommandostruktur der NATO vollzog.[4]

Vor diesem Hintergrund konnte die NATO auf ihrem Gipfeltreffen im November 2010 in Lissabon ein neues Strategisches Konzept (das vorige datierte aus dem Jahre 1999) verabschieden, das drei gleichrangige „essenzielle Kernaufgaben" des Bündnisses formulierte: erstens „Kollektive Verteidigung" gemäß Art. 5 des Washingtoner Vertrages, zweitens „Krisenmanagement" bzw. Krisenintervention außerhalb des Bündnisgebietes und drittens „Kooperative Sicherheit" durch ein ganzes Bündel von Maßnahmen, darunter Abrüstung, Rüstungskontrolle, Partnerschaften und die Erweiterung des Bündnisgebietes.[5]

Der Gipfel von Lissabon fiel allerdings in eine Phase, in der die Hoffnung auf eine strategische Partnerschaft mit Moskau, von der in der NATO-Russland-Grundakte von 1997 noch die Rede war, längst der Sorge um eine neue Konfrontation gewichen war. Da sich die Spannungen zwischen der NATO und Russland in den folgenden Jahren weiter verschärften und im Zuge der Eskalation der Ukraine-Krise im Jahre 2014 in eine regelrechte Krise mündeten, wurde auch der nächste NATO-Gipfel im September 2014 in Wales maßgeblich durch diese bedrohliche Herausforderung für die Allianz geprägt. Zwar wurden die drei „core tasks" des Strategischen Konzepts erneut hervorgehoben. Die ursprüngliche Gleichrangigkeit der drei Kernfunktionen wich allerdings einer deutlichen Prioritätenverschiebung zugunsten der „klassischen" sicherheitspolitischen Aufgabe der Kollektiven Verteidigung (Meier-Walser 2016b, S. 5).

---

[4]Unter Staatspräsident De Gaulle hatte Frankreich im Juli 1966 die integrierte Militärstruktur der NATO verlassen.

[5]Active Engagement, Modern Defence. Strategic Concept for the Defence and Security of the Members of the North Atlantic Treaty Organization. Adopted by Heads of State and Government at the NATO Summit in Lisbon 19–20 November 2010.

Obwohl, wie bereits erwähnt, auch der darauffolgende NATO-Gipfel im Juli 2016 in Warschau vom Konflikt mit Moskau überschattet war, wurde in der polnischen Hauptstadt u. a. über die Ausweitung von NATO-Aktivitäten im Mittleren Osten und in Nordafrika gesprochen (Kujat 9. Juli 2016, S. 57). Als wichtigste Entscheidung des Gipfels gilt die Stationierung „robuster multinationaler Truppenverbände" der NATO in Polen und den drei baltischen Staaten zu Beginn des Jahres 2017. Um die NATO-Russland-Grundakte aus dem Jahre 1997 nicht zu verletzen, sollten die jeweils in Bataillonsstärke mit ca. 1000 Soldaten zusammengesetzten Kontingente der „Rahmen-Nationen" USA, Großbritannien, Kanada und Deutschland nicht dauerhaft, sondern auf Rotationsbasis stationiert werden.

Bezüglich der angestrebten Verstärkung der NATO im Mittelmeerraum wurde eine engere Verzahnung mit den Operationen der Europäischen Union beschlossen. Im Mittelpunkt steht neben der Zusammenarbeit mit der EU-Grenzschutzagentur Frontex dabei die Kooperation mit der EU-Marinemission „Sophia" vor der Küste Libyens, deren Ziel neben Seenotrettung die Bekämpfung von Menschenhandel und Waffenschmuggel zugunsten der Terrormiliz des sog. „Islamischen States" (IS) ist. Daneben wurde ein stärkeres Engagement der NATO zur Deeskalation der Bürgerkriege in Syrien und im Irak vereinbart. Dazu zählten u. a. die Ausbildung irakischer Sicherheitskräfte in deren Heimatland sowie der Einsatz von AWACS-Flugzeugen vom türkischen und internationalen Luftraum aus, um Überwachungsflüge mit dem Ziel der Erkenntnisgewinnung zum Vorgehen der Terrormiliz IS in Syrien und im Irak durchzuführen (Stabenow 11. Juli 2016). Im Schlusskommuniqué des Warschauer Gipfels wurde allerdings betont, dass die NATO durch diese Unterstützungsmaßnahmen nicht Mitglied der von den USA geführten Globalen Allianz gegen den IS werde.[6]

Diese Relativierung ihrer eigenen Rolle ist charakteristisch für die gegenwärtige Kernproblematik der NATO, die darin besteht, dass innerhalb des Bündnisses eine einheitliche und geschlossene Position mit Blick auf die drängensten Herausforderungen nur äußerst schwierig zu erreichen ist. „Die Konsensfindung innerhalb der Allianz verläuft so zäh und mit so vielen Nebengeräuschen, dass von einem Bild der Einheit keine Rede sein kann" (Rüesch 11. Juli 2016). Die NATO mag ihre Identitätskrise überwunden haben, aber steckt sie nun, wie die Neue Zürcher Zeitung mutmaßt, in einer „Glaubwürdigkeitskrise"? Die Beantwortung dieser Frage hängt davon ab, ob die NATO den diversen komplexen Herausforderungen, mit denen sie aktuell konfrontiert ist (und die im nächsten Abschnitt erläutert werden), entschlossen, geschlossen und mit Aussicht auf Erfolg versprechenden Strategien und Instrumenten begegnet.

---

[6]Vgl. Paragraf 96 des Schlusskommuniqués des Warschauer Gipfels (http://www.nato.int/cps/en/natohq/official_texts_133169.htm?selectedLocale=en). Zugegriffen 4. September 2017.

4 Ausblick: Trump, Brexit und die Zukunft transatlantischer Sicherheitskooperation – Fünf-Punkte-Katalog für die strategische Neuausrichtung der NATO

Die Relevanz der NATO als sicherheitspolitisches Fundament der transatlantischen Partner ist im Zuge der Ukraine-Krise und der dadurch ausgelösten bündnisinternen Prioritätenverschiebung zugunsten kollektiver Verteidigung in den vergangenen Jahren zweifellos deutlich gestiegen (Varwick 2016, S. 237). Parallel zu diesem Prozess wachsender sicherheitspolitischer Signifikanz wurde die NATO allerdings mit einer ganzen Reihe von Herausforderungen konfrontiert. Dazu zählen die Verschärfung des Konfliktes mit Moskau, die Krisen und Kriege in der Gesamtregion des Mittleren Ostens (mitsamt ihren Konsequenzen wie Vertreibung, Flucht, Migration etc.), Terrorismus, Cyber Warfare, neue Formen hybrider Kriegführung und jüngst die Zuspitzung des Atomkonfliktes mit Nordkorea. Zu diesen Herausforderungen gehören allerdings auch Allianz-interne Veränderungen, die mit der Wahl Donald Trumps zum 45. Präsidenten der USA und den Konsequenzen des Brexit für die euro-atlantische Sicherheitskooperation zusammenhängen. Die Herstellung innerer Geschlossenheit im Bündnis wird durch die wachsenden Spannungen zwischen der Türkei und den europäischen NATO-Mitgliedern zusätzlich erschwert. Der Kauf des russischen Raketenabwehrsystems S-400 durch Ankara im September 2017 führt darüber hinaus zu einer weiteren Verschärfung der Beziehungen zwischen der Türkei und den USA. Deren Verhältnis ist insbesondere durch Washingtons Unterstützung syrischer Kurdenmilizen im Kampf gegen den IS belastet, zumal Ankara diese Milizen als „Terroristen" bekämpft (Kauffmann Bossart 15. September 2017).

Vor dem Hintergrund dieses ganzen Bündels komplexer externer und interner Herausforderungen erfordert der ambitionierte Anspruch der Allianz, sich, so NATO-Generalsekretär Jens Stoltenberg, dem gesamten Spektrum relevanter Sicherheitsfragen vollumfänglich zuzuwenden („360-degree approach"), eine mehrdimensionale strategische Neuausrichtung. Dazu gehört an erster Stelle die

© Springer Fachmedien Wiesbaden GmbH 2018
R. Meier-Walser, *Die NATO im Funktions- und Bedeutungswandel*,
essentials, https://doi.org/10.1007/978-3-658-20099-2_4

Kompass-Justierung, also die Klärung der Frage des zukünftigen Profils und Kurses der NATO. Eng damit zusammen hängt die seit dem Amtswechsel von Obama zu Trump bedeutend schwerer gewordene Aufgabe, die sicherheitspolitische Koppelung Washingtons an Europa und damit die Fortführung der traditionellen Rolle des eminentesten NATO-Mitgliedes USA als „Europe's Pacifier" auch in Zukunft zu gewährleisten. Vom Verhältnis der Vereinigten Staaten zur Allianz wiederum wird maßgeblich abhängen, wie sich die Beziehungen der NATO zu Russland entwickeln werden, zumal Moskaus Bewertung des Bündnisses maßgeblich von dessen, zu großen Teilen auf amerikanischen Kapazitäten beruhender militärischer Leistungsfähigkeit abhängt. Der seit langem für Spannungen zwischen Washington und seinen europäischen Partnern sorgende überproportionale Input der USA und die unter Trump sowohl deutlich lauter gewordenen als auch mit der Drohung der Relativierung der US-amerikanischen Bündnisverpflichtungen verknüpften Forderungen nach adäquater Lastenteilung generieren eine weitere bedeutsame Aufgabe für das Bündnis, die neben einer Kompromissfindung im Finanzierungsdisput in einer sinnvollen und praktikablen Koordination transatlantischer und europäischer Sicherheitspolitik besteht. Angesichts dieser Vielzahl neuer Herausforderungen und des ambitionierten 360-Grad-Ansatzes der NATO stellt sich schließlich auch die Frage, ob das Bündnis ein neues strategisches Konzept benötigt?

4.1   Profil, Rolle und Funktion der NATO

Was die Kompass-Justierung, also die Festlegung des zukünftigen Profils, der Rolle und der Funktion des Bündnisses anbetrifft, so vollzieht sich diese ebenso grundlegende wie schwierige Aufgabe für die NATO in einem „vierfachen Spannungsfeld zwischen einem ‚kollektiven Verteidigungsbündnis', einem ‚Clearing House für globale Interventionseinsätze', einem ‚Werkzeugkasten für Ad-hoc-Koalitionen' sowie einem ‚System kollektiver Sicherheit'" (Varwick 2017, S. 188). Da die Interessen der mittlerweile 29 NATO-Mitgliedsstaaten, die die diversen internationalen Sicherheitsrisiken je unterschiedlich perzipieren und sich individuell in unterschiedlichem Maße davon bedroht fühlen, zum Teil sehr stark differieren, kann im Sinne einer erfolgreichen Allianz-internen Kompromissfindung bezüglich des zukünftigen Profils der NATO keine dieser vier Rollen völlig vernachlässigt werden. Eine klare Prioritätensetzung wurde jedoch auch auf dem jüngsten NATO-Gipfel im Mai 2017 in Brüssel vermieden, der insgesamt weitgehend unverbindlich endete und mit Blick auf die aktuellen Sicherheitsbedrohungen keinerlei konkrete Ergebnisse erbrachte (Dibenedetto 2017, S. 6).

Offiziell gelten damit noch immer die drei „Kernaufgaben" des Strategischen Konzepts von 2010 als die obersten „gleichrangigen" Ziele der NATO. De facto sind es allerdings vor allem die Bedrohungen im Osten und Süden der Allianz, denen das Bündnis seit dem Gipfel von Warschau höchste Aufmerksamkeit widmet, weshalb Rolle und Funktion der NATO auf absehbare Zeit primär durch Verteidigung, Abschreckung und Krisenmanagement geprägt sein werden.

Mit Blick auf ihre östliche Flanke steht die NATO vor der Notwendigkeit, dem infolge der „hybriden" Aggression Russlands gegenüber der Ukraine insbesondere bei ihren osteuropäischen Mitgliedern akut gewachsenen Bedarf an gegenseitigen Beistandsleistungen (Szatkowski 2017, S. 13; Fryc 2016, S. 45) im Sinne kollektiver Verteidigung und Abschreckung angemessen Rechnung zu tragen. Dies bedeutet, zumal zum gegenwärtigen Zeitpunkt eine substanzielle Verbesserung der Beziehungen zu Moskau in weiter Ferne erscheint, ein Festhalten an dem bereits auf dem Gipfel von Wales 2014 vereinbarten Kompromiss-Kurs zwischen der Demonstration militärischer Einsatzbereitschaft und der Vermeidung einer Eskalationsspirale (Zapfe 2016, S. 27). Zwar fühlen sich insbesondere die drei baltischen Staaten und Polen durch die in ihren Staatsgebieten entsprechend der Beschlüsse des Warschauer Gipfels stationierten „robusten multinationalen Truppenverbände" nicht ausreichend geschützt, weil diese anstelle einer dauerhaften Präsenz auf Rotationsbasis stationiert wurden. Die NATO beschränkt sich jedoch bewusst auf eine Verbesserung der Vornepräsenz („Enhanced Forward Presence") anstelle Truppen permanent an der Grenze zu Russland zu stationieren, weil, wie bereits erwähnt, eine Verletzung der NATO-Russland-Grundakte vermieden werden soll (Zapfe 2016, S. 28). Zum einen möchte Brüssel dem russischen Präsidenten Putin keinen Vorwand liefern, um der NATO seinerseits Rechtsbrüche vorwerfen zu können, zum anderen soll die Glaubwürdigkeit der Doppelstrategie „Abschreckung und Dialog" untermauert werden. Um den Kreml nicht aus der Verantwortung zu entlassen, Initiativen zur De-Eskalation des Konfliktes mit der Allianz zu ergreifen, hält die NATO ihre Dialogbereitschaft mit Moskau weiterhin aufrecht, demonstriert jedoch gleichzeitig auch ihre Bündnissolidarität und Abschreckungsbereitschaft.

Um ihrem bereits in der Schlusserklärung des Gipfels von Wales formulierten hohen Anspruch („Aktives Engagement, moderne Verteidigung") als „essenzielle Quelle der Stabilität"[1] in einer Welt voller Krisen und Konflikte gerecht

---

[1]Wales Summit Declaration, Paragraf 2 (http://www.nato.int/cps/en/natohq/official_texts_112964.htm). Zugegriffen: 6. September 2017.

zu werden, muss sich die NATO noch stärker als bislang den Herausforderungen aus dem Mittelmeerraum widmen (Marrone 2017, S. 1–4; Riecke 2016, S. 33). Die Umsetzung des auf dem Gipfel von Warschau gefassten Beschlusses zu einer intensiveren Befassung mit den Sicherheitsrisiken der MENA („Middle East and North Africa")-Region (politische Instabilitäten bis hin zu Staatenzerfall, zwischenstaatliche Konflikte, Krisen und Kriege, Terrorismus, Proliferation, Organisierte Kriminalität sowie Vertreibung, Flucht und Migration) ist allerdings mit erheblichen Problemen verknüpft. Als potenzieller Partner bei der Bewältigung sicherheitspolitischer Herausforderungen wird die NATO schon „wegen der kolonialen Vergangenheit einiger ihrer Mitglieder und der Machtpolitik der USA" (Riecke 2016, S. 33 f.) in den meisten arabischen Staaten der Region zumindest kritisch betrachtet. Außerdem muss die NATO, die ungeachtet der Stärkung ihrer politischen Dimension nach wie vor primär ein Militärbündnis ist, erst noch geeignete Strategien finden, um die Herausforderungen des Mittelmeerraumes erfolgreich bewältigen zu können. Während kollektive Verteidigung und Abschreckung traditionell „zu ihrer DNA" gehören, lassen sich etwa politische Instabilitäten, Terrorismus und humanitäre Krisen mit den Mitteln einer Militärallianz „nicht so leicht beseitigen" (Riecke 2016, S. 40). Dies hängt auch damit zusammen, dass die Instrumente der NATO, die an deren Ostflanke eine schnelle militärische Reaktionsmöglichkeit gewährleisten sollen, nämlich die Schnelle Eingreiftruppe „NATO Response Force" (NRF) und deren „Speerspitze" „Very High Readiness Joint Task Force" (VJTF), für einen Einsatz im Mittelmeerraum nur bedingt geeignet sind.

> Die Schwierigkeiten liegen hier in der Verbindung von Multinationalität, schneller Reaktionsfähigkeit und jährlich wechselnder Zusammenstellung der VJTF, die primär dem politischen Imperativ der Bündnissymbolik entspringt. Ohne eine weitere, politisch schwierige Reform, oder eine grundlegende, in naher Zukunft noch unwahrscheinlicher erscheinende Harmonisierung von Ausrüstung und Ausbildung der NATO-Armeen wird das Konzept der VJTF und damit der militärischen Handlungsfähigkeit des Bündnisses im Süden schnell an praktische Grenzen stoßen (Zapfe 2016, S. 30).

Ungeachtet dieser Schwierigkeiten, die durch Allianz-interne Unstimmigkeiten hinsichtlich der Relevanz der MENA-Region für das Westliche Bündnis zusätzlich verkompliziert werden, kann die NATO sich ihrer Verantwortung im Mittelmeerraum nicht entziehen (Bianchi et al. 2017, S. 1–4). Ihre Rolle im Süden gehört langfristig betrachtet zu ihrem strategischen Aufgabenspektrum und sollte deshalb im nächsten Strategischen Konzept der NATO verankert werden (Riecke 2016, S. 41).

4.2   Spannungsfeld USA – Europa

Eine in ihrer vollen Tragweite für die Zukunft der NATO noch nicht abzusehende Zäsur bedeutet die Wahl Donald Trumps zum 45. Präsidenten der USA. Bereits vor seinem überraschenden Wahlsieg gegen die frühere First Lady, Senatorin und Außenministerin Hillary Clinton hatte der politisch völlig unerfahrene Kandidat der Republikaner wiederholt die sicherheitspolitische Relevanz der NATO in Zweifel gezogen und moniert, sie sei nicht in der Lage, die eminenten internationalen Sicherheitsrisiken wie Terrorismus erfolgreich bekämpfen zu können. Neben dieser Kritik, die Trump nach seiner Inauguration im Januar 2017 zumindest deutlich abschwächte, hielt er die seiner Meinung nach viel zu geringen finanziellen Leistungen der europäischen NATO-Mitglieder weiter aufrecht und erneuerte sie auch auf dem Brüsseler NATO-Gipfel im Mai 2017. Bemerkenswert ist in diesem Zusammenhang, dass die an die Adresse der europäischen Sicherheits-Partner Washingtons gerichtete Forderung nach gerechterer Lastenteilung zwar auch von Barack Obama und dessen Amtsvorgängern regelmäßig erhoben wurde (Meier-Walser 2009, S. 12), dass aber Donald Trump zum ersten Mal die Bündniszusagen der USA von den Eigenleistungen der europäischen NATO-Mitglieder abhängig machte (Rotter 2017, S. 3).

Allerdings belegen andere Stellungnahmen, in denen der Präsident und andere mit Außen- und Sicherheitspolitik befasste hochrangige Mitglieder der Administration sich während der vergangenen Monate mehrfach voller Wertschätzung über das Bündnis äußerten, dass „viele von Trumps Aussagen entweder unreflektiert, oder aber reine Wahlkampfrhetorik waren" (Varwick 2017, S. 59). So widerrief Trump im Rahmen einer gemeinsamen Pressekonferenz mit NATO-Generalsekretär Jens Stoltenberg im April 2017 in Washington seine Bemerkung, dass die NATO obsolet sei und würdigte das Bündnis sogar als „Bollwerk des Friedens und der internationalen Sicherheit" (Trump und Stoltenberg 2017). US-Verteidigungsminister Jim Mattis hatte bereits auf der Münchner Sicherheitskonferenz im Februar 2017 keinen Zweifel daran gelassen, dass die gegenseitige Beistandsverpflichtung in Stein gemeißelt („Article V is a bedrock commitment") sei und dass er das Bündnis als „our strongest bulwark against instability and violence" (Mattis 2017) betrachte. Ähnlich äußerte sich bei dieser Konferenz in München auch US-Vizepräsident Mike Pence, der den europäischen Partnern versicherte, Washington stünde unerschütterlich zur NATO („unwavering in our comitment to this transatlantic alliance") – allerdings nur unter der Voraussetzung, dass Europa die Erwartungen der USA erfülle: „We've been faithful for generations – and as you keep faith with us, under President Trump we will always keep faith with you" (Pence 2017).

Hintergrund dieser wiederholt betonten „Konditionierung des Beistandsversprechens" (Varwick 2017, S. 61) der USA ist die nicht zu leugnende Tatsache, dass das auf dem NATO-Gipfel im September 2014 in Wales vereinbarte Ziel, zwei Prozent des Bruttoinlandsproduktes für den Verteidigungsetat zu verwenden, außer den USA nur von wenigen anderen NATO-Mitgliedern erreicht wurde. Die meisten anderen Mitglieder rangieren wie auch Deutschland (1,2 %) erheblich darunter. Insgesamt stellen die USA etwa 70 % der Gesamtverteidigungsausgaben der NATO, die Europäer rund 30 %. Zwar erhöhten nach langen Jahren schrumpfender Ausgaben 22 NATO-Staaten im Anschluss an den Warschauer Gipfel wieder ihre Aufwendungen für Verteidigung, aber angesichts der „teils gravierenden Lücken in den nationalen Etats handelt es sich um eine bescheidene Verbesserung" (Rotter 2017, S. 4), die den Forderungen der USA aus Sicht Washingtons nicht angemessen Rechnung trägt.

Zusammenfassend muss mit Blick auf das zukünftige Profil der NATO im Allgemeinen und auf die Qualität der transatlantischen Sicherheitskooperation im Besonderen festgestellt werden, dass der Amtswechsel an der politischen Führungsspitze des eminentesten NATO-Mitgliedes im Januar 2009 zweifellos signifikante Konsequenzen nach sich zieht. Auch wenn die Bewertungen des Bündnisses durch Vertreter der Trump-Administration in jüngerer Zeit positiver klingen und die neue US-Botschafterin bei der NATO jüngst sogar versicherte, beide großen politischen Lager in Washington stünden „united behind NATO" (Hutchison 31. August 2017), können diese Konsequenzen wegen der Unberechenbarkeit, Widersprüchlichkeit und wegen des „eher erratischen Führungsstils" (Varwick 2017, S. 61) von Präsident Trump derzeit (noch) nicht seriös kalkuliert werden.

4.3   Koordination transatlantischer (NATO) und europäischer (EU) Sicherheitspolitik

Ungeachtet der Einwände einiger europäischer NATO-Staaten, sie würden etwa im Zuge des „Framework Nations Concept" individuelle Zusatzleistungen erbringen und dadurch „elementar zur Handlungsfähigkeit der NATO beitragen" (Glatz und Zapfe August 2017, S. 1), bleibt die nach wie vor unausgewogene Lastenteilung im Bündnis ein transatlantischer „Zankapfel", der auch die Beziehungen zwischen NATO und EU überschattet. Allerdings haben die Wahl Donald Trumps in den USA und der bevorstehende „Brexit" auch neue Impulse in Richtung Vertiefung dieses Beziehungsgefüges erzeugt. Während Trumps „America first"-Agenda als „Weckruf" für Europa wirkt, „endlich mehr in gemeinsame Verteidigung und Sicherheit zu investieren" (Lamers 2017, S. 11), bietet der EU-Austritt Londons, das Vertiefungsbestrebungen innerhalb der EU in der Vergangenheit traditionell blockiert hatte, neue Möglichkeiten zur Verstärkung der EU-Zusammenarbeit in den Bereichen Sicherheit und Verteidigung.

Das auf eine Initiative Deutschlands und Frankreichs zurückgehende, mittlerweile weit gediehene Projekt einer „Ständigen Strukturierten Zusammenarbeit" zum Aufbau einer Europäischen Verteidigungsunion zeigt in diesem Zusammenhang bereits konkrete Ergebnisse. Wenn es gelingt, den auf dem EU-Gipfel von Bratislava im September 2016 vereinbarten Ausbau der sicherheits- und verteidigungspolitischen Dimension der EU zu erreichen, ohne dass es zu einer „Abkoppelung der EU von der NATO im Sinne einer Duplizierung von Strukturen bzw. eines Konkurrenzverhältnisses" (Varwick 2016, S. 239) kommt, dann besteht die Möglichkeit, „die Kooperation zwischen EU und NATO auf eine neue Ebene" (Gahler 2017, S. 12) bis hin zu „einer engeren strategischen Partnerschaft" (Varwick 2017, S. 239) zu heben.

Bereits im Juni 2016 hatte sich die EU in ihrer neuen „Globalen Strategie" zu einer „Vertiefung der Partnerschaft mit der NATO" bekannt und dazu „koordinierte Entwicklungen der Verteidigungskapazitäten" und „synchronisierte Maßnahmen" avisiert (Europäische Union 2016, S. 37). Am Rande des Warschauer NATO-Gipfels im Juli 2016 bekundeten NATO-Generalsekretär Stoltenberg, EU-Kommissionspräsident Juncker und EU-Ratspräsident Tusk dann in einer gemeinsamen Erklärung ihre Überzeugung, dass die Zeit gekommen sei, „um der Strategischen Partnerschaft zwischen NATO und EU neuen Impetus und neue Substanz zu geben"[2]. Anfang Dezember 2016 wurde diese überwiegend allgemein gehaltene Absichtserklärung schließlich in einem über 40 Implementierungsschritte umfassenden Maßnahmenkatalog konkretisiert. Während des Jahres 2016, dem „Jahr der EU-NATO-Erklärungen" (Gahler 2017, S. 12), wurde von beiden Seiten wiederholt betont, dass eine effektivere Koordination von transatlantischer und europäischer Sicherheitspolitik im Sinne der Schaffung von Synergien sinnvoll und erstrebenswert ist. Die Möglichkeit dazu bietet sich allerdings lediglich unter der Voraussetzung, dass die Europäer bereit sind, „mehr Geld für Sicherheitspolitik aufzuwenden und radikalere Schritte bei der Zusammenlegung

---

[2]Joint Declaration by the President of the European Council, the President of the European Commission, and the Secretary General of the North Atlantic Treaty Organization, Brussels, 8 July 2016 (http://europa.eu/rapid/press-release_STATEMENT-16-2459_de.htm). Zugegriffen: 15. September 2017.

ihrer Fähigkeiten zu gehen" (Varwick 2016, S. 239). Während einige EU-Länder ihre Wehretats in jüngster Zeit tatsächlich bereits aufgestockt haben, steht einem angemessenen „Pooling" und „Sharing" verteidigungspolitischer Ressourcen jedoch das nach wie vor verbreitete Beharren auf nationalen Souveränitätsrechten im Wege.

4.4   NATO-Russland-Beziehungen

Der aus einer Analyse der Geschichte der NATO erkennbare kausale Zusammenhang zwischen der Allianz-internen Bewertung der Bedrohung durch Moskau und der Kompass-Justierung des Bündnisses bedeutet, dass die NATO sich „de facto wesentlich durch ihr Verhältnis gegenüber Russland" definiert (Varwick 2017, S. 185). War die gemeinsame Perzeption westlicher Demokratien, sich gegenüber der Sowjetunion schützen zu müssen, zentrales Motiv hinter der Gründung der NATO im Jahre 1949, so wurde auch die strategische Re-Orientierung des Bündnisses in Richtung kollektiver Verteidigung und Abschreckung nach 2014 durch Moskau – im Zuge der russischen Aggression gegen die Ukraine – ausgelöst. Da sich die Krise zwischen der westlichen Allianz und Moskau in den vergangenen Jahren noch verschärft hat, ist die sicherheitspolitische Bedeutung der Allianz insbesondere für ihre östlichen Mitglieder noch weiter gestiegen. Problematisch ist in diesem Zusammenhang insbesondere, dass mit der Präsidentschaft Donald Trumps erhebliche Zweifel an den US-amerikanischen Bündnisverpflichtungen verknüpft sind (Mandelbaum 2017, S. 108), während gleichzeitig unstrittig ist, dass die Glaubwürdigkeit der Russland-Strategie der NATO in erster Linie von der Rolle der USA im Bündnis und von dessen innerer Kohärenz abhängig ist. Die Europäer werden vom russischen Präsidenten ungeachtet ihrer Wirtschaftsmacht „nicht ernst" (Naumann 2017, S. 105) genommen, die EU hält Putin für „dekadent und schwach" (Jung 16. September 2017).

Die unter den europäischen Alliierten Washingtons verbreitete Befürchtung, dass US-Präsident Trump seinem russischen Amtskollegen „zu Lasten der EU entgegenkommen" (Adomeit 2017) würde, es mithin „zum großen Handel Trump/Putin", zu einem „neuen Jalta" (Adomeit 30. Dezember 2016) kommen könnte, haben sich mittlerweile aber als unbegründet erwiesen. Die Spannungen zwischen Washington und Moskau haben sich seit dem Amtsantritt Trumps sogar noch weiter verschärft. Hintergrund dieser Entwicklung ist allerdings, dass Moskau an seinem „antiwestlichen Konfrontationskurs" festhält (Adomeit 2017) und die Kooperations-Offerten der NATO konsequent ignoriert. 20 Jahre nach dem Abschluss der NATO-Russland-Grundakte, die noch vom Geist der Hoffnung auf eine strategische Partnerschaft zwischen den ehemaligen Gegnern getragen war, präsentiert sich Russland heute als eine Autokratie, die „keine Partnerschaft will sondern ihrem Staatsgebiet vorgelagerte Einflusssphären beansprucht", die „vermehrt auf Atomwaffen setzt, um ihre konventionelle Schwäche zu verschleiern" und die „bereit ist, auch in Europe Grenzen mit Gewalt zu verschieben" (Naumann 2017, S. 104).

In ihrer Russland-Strategie muss die NATO den Mitgliedern an ihrer östlichen Flanke deshalb auch weiterhin glaubwürdig die Solidarität der Allianz versichern, um Russland von „weiterem militärischen Abenteurertun" abzuschrecken, ohne damit jedoch „die Chancen auf eine Rückkehr zu einem konstruktiveren Verhältnis zu untergraben" (Rühle 2015, S. 32 f.). Mit der Festlegung auf die Doppelstrategie „Abschreckung und Dialog" hat die NATO trotz des deutlichen Bekenntnisses zur kollektiven Verteidigung sowohl die Tür für Kontakte mit Russland offen gehalten als auch gleichzeitig damit dem Kreml die Initiativmöglichkeit zur Re-Konsolidierung der Beziehungen zur Allianz übertragen. Welchen Kurs Moskau gegenüber Brüssel einschlägt, hängt nun von der politischen Gesamtentwicklung Russlands ab, die sich in mehrere Richtungen vollziehen kann. „Von einer Rückkehr zu den Prinzipien von Helsinki nach einer innenpolitischen Kurskorrektur (best case) bis zu einer nochmals aggressiveren Außenpolitik (worst case) ist vieles denkbar" (Varwick 2017, S. 115). Selbst wenn Moskau an seiner konfrontativen Politik gegenüber der NATO festhalten sollte, wird die Allianz versuchen, einen „Kalten Krieg 2.0" zu vermeiden und „folglich keine Schritte unternehmen, die man politisch oder militärisch als zu provokativ verstehen könnte" (Rühle 2015, S. 34). Wie schwierig diese Gratwanderung für Brüssel ist, zeigt sich u. a. an der durch Moskaus „nuklearem Säbelrasseln gegenüber der Allianz" notwendig gewordener systematischer Auseinandersetzung mit der Frage, „welche Rolle Kernwaffen in der künftigen Strategie der NATO einnehmen sollen" (Varwick 2017, S. 185).

4.5   Ein neues strategisches Konzept

Angesichts der tief greifenden und mannigfaltigen Veränderungen der internationalen Sicherheitslage in den vergangenen Jahren benötigt die NATO eine neues strategisches Konzept, in dem das Bündnis vor dem Hintergrund der neuen Herausforderungen seine strategischen Ziele formuliert und die zur Verfolgung dieser Ziele geeigneten Instrumente definiert. Das aktuell gültige strategische Konzept, aus der Feder des damaligen NATO-Generalsekretärs Anders Fogh Rasmussen, stammt aus dem Jahre 2010 und ist daher über weite Strecken überholt. Ein neues strategisches Grundlagenpapier muss insbesondere die bereits beschriebenen Veränderungen (Krise mit Russland, Herausforderungen im Mittelmeerraum, bündnispolitische Konsequenzen der Wahl Donald Trumps etc.) kalkulieren und sowohl die Kursausrichtung fixieren als auch die Priorität einzelner Strategie-Elemente wie z. B. Kollektive Verteidigung, Abschreckung, Partnerschaften, Krisenmanagement etc. festlegen.

Es gibt zwar auch plausible Argumente gegen ein neues strategisches Konzept, von denen insbesondere der Einwand, die gegenwärtig zahlreichen Differenzen, Bruchlinien und Risse innerhalb der 29 souveräne Staaten umfassenden NATO würden durch grundlegende Strategiediskussionen in sensiblen Bereichen nationaler Sicherheit noch verschärft, kaum zu bestreiten ist (Keller 2017, S. 4). Andererseits muss die NATO, will sie auch in Zukunft effizient und glaubwürdig bleiben, ungeachtet der Schwierigkeiten der Konsensfindung zu Kompromissen und letzten Endes zu verbindlichen und von allen Mitgliedern mitgetragenen strategischen Entscheidungen bezüglich Profil, Funktion, Rolle und Zielen gelangen, die der neuen internationalen (Un-)Sicherheitslage Rechnung tragen.

Was den zeitlichen Rahmen anbetrifft, so würde sich das 70-jährige Bestehen der NATO im April 2019 anbieten (Kamp 2016, S. 11). Es wäre, wie zu Recht moniert wurde, peinlich, wenn die NATO diesen runden Geburtstag mit einem strategischen Konzept feiern würde, „das noch der Zeit unmittelbar nach 9/11 verhaftet ist" (Keller 2017, S. 7). Da der Prozess der Genese des neuen Strategiedokumentes vor dem Hintergrund der komplexen internationalen Sicherheitslage sowie der Schwierigkeiten, innerhalb der Allianz Einigkeit und Konsens zu erreichen, vermutlich langwierig und diffizil wird, sollte er so bald wie möglich in Angriff genommen werden.

Was Sie aus diesem *essential* mitnehmen können

- Die Konsequenzen der Transformation der NATO von einem kollektiven Verteidigungsbündnis zu einer global agierenden Allianz kollektiver Sicherheit
- Die Ergebnisse des Funktionswandels der NATO von der Territorialverteidigung zur „Verteidigung gemeinsamer Grundsätze"
- Nach der „Sinnkrise" der NATO aufgrund des Wegfalls des gemeinsamen Feindbildes: die Revitalisierung der Allianz im Zuge der Ukraine-Krise
- Probleme der Konsensfindung in der 29-Staaten-Allianz durch neue Herausforderungen (Trump, Brexit etc.) und Unstimmigkeit bezüglich der geografischen Prioritäten (Ostflanke, Südflanke etc.) und einzelner Strategie-Elemente (kollektive Verteidigung, Krisenmanagement etc.)
- Fünf-Punkte-Katalog für die strategische Neuausrichtung der NATO

© Springer Fachmedien Wiesbaden GmbH 2018
R. Meier-Walser, *Die NATO im Funktions- und Bedeutungswandel,*
essentials, https://doi.org/10.1007/978-3-658-20099-2

Literatur

Adomeit, H. (30. Dezember 2016). Kommt es zum großen Handel Trump/Putin? *Die Presse.*

Adomeit, H. (2017). Auf dem Tiefpunkt: Die russisch-amerikanischen Beziehungen unter Trump und Putin. https://www.zeitschrift-osteuropa.de/hefte/2017/5/auf-dem-tiefpunkt/. Zugegriffen: 8. Aug. 2017.

Bertram, C. (2. August 2004). Ob Bush, ob Kerry – die NATO verfällt. *Die Welt.*

Bianchi, M., Lasconjarias, G., & Marrone, A. (2017). *Projecting Stability in NATO's Southern Neighbourhood* (NATO Defense College Research Report 3), July.

Binnendijk, H., & Kugler, R. (2004). *Transform NATO. Don't end it. The National Interest, 75,* 72–76.

Bücherl, W. (2003). Eine Allianz für Amerika? *Die NATO nach Prag. Internationale Politik, 3,* 55–59.

Carpenter, T. G. (2001). NATO's new strategic concept: Coherent blueprint or conceptual muddle? In T. G. Carpenter (Hrsg.), *NATO enters the 21st Century* (S. 7–28). London: Frank Cass.

Clark, W. (2001). *Waging modern war. Bosnia, Kosovo, and the future of combat.* New York: Public Affairs.

Cornish, P. (2004). NATO: The practice and politics of transformation. *International Affairs, 1,* 63–74.

Dembinski, M. (2002). NATO – Auf dem Weg von der kollektiven Verteidigung zur offenen Sicherheitsgemeinschaft? In M. Ferdowsi (Hrsg.), *Internationale Politik im 21. Jahrhundert* (S. 277–292). München: Fink.

Dempsey, J. (2016). *From Suez to Syria: Why NATO must strengthen its political role.* Brüssel: Carnegie Europe.

Dibenedetto, A. G. (2017). *NATO Brussels Summit* (NATO Defense College Research Report 2), June.

Europäische Union. (2016). Shared vision, common action: A stronger Europe. A global strategy fort he european union's foreign and security policy. http://europa.eu/global-strategy/en. Zugegriffen: 18. Sept. 2017.

Fiott, D. (2016). Modernising NATO's defence infrastructure with EU funds. *Survival, 58*(2), 77–93.

Frankenberger, K.-D. (2. April 2004). Eine andere NATO. *Frankfurter Allgemeine Zeitung.*

© Springer Fachmedien Wiesbaden GmbH 2018
R. Meier-Walser, *Die NATO im Funktions- und Bedeutungswandel,*
essentials, https://doi.org/10.1007/978-3-658-20099-2

Fryc, M. (2016). From Wales to Warsaw and beyond: NATO's strategic adaptation to the Russian resurgence on Europe's eastern flank. *Connections, 15*(4), 45–65.

Gahler, M. (2017). Kooperation von EU und NATO auf eine neue Ebene heben. *Europäische Sicherheit und Technik, 66*(2), 12–14.

Gasteyger, C. (9. März 1999). Riskante Doppelerweiterung. *Frankfurter Allgemeine Zeitung.*

Gasteyger, C. (2002). Allianz in der Zerreißprobe? In R. Meier-Walser (Hrsg.), *Die Zukunft der NATO* (S. 9–13). München: Hanns-Seidel-Stiftung.

Glatz, R. L., & Zapfe, M. (Dezember 2015). *NATO-Verteidigungsplanung zwischen Wales und Warschau* (SWP-Aktuell 95).

Glatz, R. L., & Zapfe, M. (August 2017). *Ambitionierte Rahmennation: Deutschland in der NATO* (SWP-Aktuell 62).

Gnauck, G. (2. April 2004). Triumph der NATO. *Die Welt.*

Gordon, P. H. (1997). Recasting the Atlantic Alliance. In P. H. Gordon (Hrsg.), *NATO's transformation. The changing shape of the Atlantic Alliance* (S. 11–37). Lanham: Rowman & Littlefield.

Hacke, C. (2002). Die Zukunft der NATO – Verteidigungsbündnis oder System kollektiver Sicherheit à la OSZE? In R. Meier-Walser (Hrsg.), *Die Zukunft der NATO* (S. 15–25). München: Hanns-Seidel-Stiftung.

Haftendorn, H. (1999). Der Wandel des Atlantischen Bündnisses nach dem Ende des Kalten Krieges. In M. Medick-Krakau (Hrsg.), *Außenpolitischer Wandel in theoretischer und vergleichender Perspektive: Die USA und die Bundesrepublik Deutschland* (S. 257–284). Baden-Baden: Nomos.

Haftendorn, H. (2002). Das Atlantische Bündnis in der Krise. In E. Reiter (Hrsg.), *Jahrbuch für internationale Sicherheitspolitik 2002* (Bd. 2, S. 75–85). Hamburg: Mittler & Sohn.

Haftendorn, H. (2007). Für einen neuen strategischen Dialog im Bündnis. In H. Riecke (Hrsg.), *Die Transformation der NATO. Die Zukunft der euro-atlantischen Sicherheitskooperation* (S. 141–154). Baden-Baden: Nomos.

Haftendorn, H., & Gaul, B. (April 2004). *Eine neue NATO? Der Beitritt der sieben mitteleuropäischen Staaten zum Bündnis* (SWP-Aktuell 16).

Hellmann, G., & Wolf, R. (1993). Wider die schleichende Erosion der NATO: Der Fortbestand des westlichen Bündnisses ist nicht selbstverständlich. In W. Link (Hrsg.), *Jahrbuch für Politik, Halbbd.2/1993* (S. 285–314). Baden-Baden: Nomos.

Heisbourg, F. (2003). The transatlantic strategic partnership. From lapsed alliance to new partnership? In E. Reiter (Hrsg.), *Jahrbuch für internationale Sicherheitspolitik 2003* (S. 331–339). Hamburg: Mittler & Sohn.

Hoffmann, S. (1998). *World disorders. Troubled peace in the post-cold war era.* Lanham: Rowman & Littlefield.

Hulsman, J. C. (2004). Getting real. An unromantic look at the NATO Alliance. *The National Interest, 75,* 65–68.

Hutchison, K. B. (31. August 2017). Washington remains united behind NATO. *The New York Times.*

Joffe, J. (1984). Europe's American pacifier. *Foreign Policy, 54,* 64–82.

Jung, F. J. (16. September 2017). Russland kann sich nur von innen wandeln. *Neue Zürcher Zeitung*

Kamp. K.-H. (2002). Kein Totenglöcklein für die NATO. In R. Meier-Walser (Hrsg.), *Die Zukunft der NATO* (S. 29–31). München: Hanns-Seidel-Stiftung.

Kamp, K.-H. (2003). Die Bedeutung der zweiten NATO-Osterweiterung. In E. Reiter *Jahrbuch für Internationale Sicherheitspolitik 2003* (S. 407–419). Hamburg: Mittler & Sohn.

Kamp, K.-H. (28. Juni 2004). Die NATO braucht eine neue Strategie. *Focus, 27,* 180.

Kamp, K.-H. (2007). Die NATO und die nukleare Abschreckung. In H. Riecke (Hrsg.), *Die Transformation der NATO. Die Zukunft der euro-atlantischen Sicherheitskooperation* (S. 93–106). Baden-Baden: Nomos.

Kamp, K.-H. (2016a). *Der NATO-Gipfel von Warschau* (BAKS Arbeitspapier Sicherheitspolitik 18).

Kamp, K.-H. (2016b). *Why NATO needs a new strategic concept.* Rome: NATO Defense College.

Kampf, L., & Mascolo, G. (1. September 2017). NATO besorgt über Russlands Atomprogramm. *Süddeutsche Zeitung.*

Kaplan, L. S. (1999). *The long entaglement. NATO's first fifty years.* Westport: Praeger.

Kauffmann Bossart, M. (15. September 2017). Türkische Nadelstiche gegen die NATO. *Neue Zürcher Zeitung.*

Keller, P. (2017). *Ein neues strategisches Konzept für die NATO?* (Analysen und Argumente der Konrad-Adenauer-Stiftung 274), August.

Kirchner, E. (2002). The future of NATO: Transforming not withering. In R. Meier-Walser (Hrsg.), *Die Zukunft der NATO* (S. 47–53). München: Hanns-Seidel-Stiftung.

Kujat, H. (9. Juli 2016). Wenn der Säbel rasselt. *Focus, 28,* 57.

Lamers, K. (2017). Transatlantische Beziehungen nach den Präsidentschaftswahlen in den USA. *Europäische Sicherheit und Technik, 66*(1), 10–12.

Major, C. (2014). *Der NATO-Gipfel 2014 im Schatten der Ukraine-Krise* (SWP-Aktuell 51), Juli.

Mandelbaum, M. (2017). Pay up, Europe. What Trump gets right about NATO. *Foreign Affairs, 96*(5), 108–114.

Marrone, A. (2016). *What's new on NATO's Southern flank* (BAKS Arbeitspapier Sicherheitspolitik 22).

Masala, C. (2009). No change at all – Die NATO-Politik der Obama-Administration. In R. Meier-Walser (Hrsg.), *Die Außenpolitik der USA. Präsident Obamas neuer Kurs und die Zukunft der transatlantischen Beziehungen* (S. 186–196). München: Hanns-Seidel-Stiftung.

Masala, C. (2011). Und sie bewegt sich doch! Die Entwicklung der NATO. In R. Meier-Walser, A. Wolf (Hrsg.), *Neue Dimensionen internationaler Sicherheitspolitik* (S. 303–315). München: Hanns-Seidel-Stiftung.

Masala, C. (2016). *Weltunordnung. Die globalen Krisen und das Versagen des Westens.* München: Beck.

Mattis, J. (2017). Remarks by Secretary Mattis at the Munich security conference. https://www.defense.gov/News/Speeches/Speech-View/Article/1087838/remarks-by-secretary-mattis-at-the-munich-security-conference-in-munich-germany/. Zugegriffen: 14. Sept. 2017.

Meier-Walser, R. (1997). Weltpolitischer Umbruch und transatlantische Partnerschaft. In R. Meier-Walser (Hrsg.), *Transatlantische Partnerschaft. Perspektiven der amerikanisch-europäischen Beziehungen* (S. 9–27). Landsberg am Lech: Olzog.

Meier-Walser, R. (2000a). Kooperative, kompetitive und konfliktive Elemente im Beziehungsgefüge EU-USA. In K. Schubert & G. Müller-Brandeck-Bocquet (Hrsg.), *Die Europäische Union als Akteur der Weltpolitik* (S. 121–139). Opladen: Leske + Budrich.

Meier-Walser, R. (2000b). Die euro-atlantischen Beziehungen zwischen Partnerschaft und Konkurrenz. *Politische Studien* 51(SH 4), 21–38.

Meier-Walser, R. (2003). Braucht Europa die NATO noch? In E. Reiter (Hrsg.), *Jahrbuch für internationale Sicherheitspolitik 2003* (S. 375–389). Hamburg: Mittler & Sohn.

Meier-Walser, R. (2004a). *Die Transformation der NATO. Zukunftsrelevanz, Entwicklungsperspektiven und Reformstrategien.* München: Hanns-Seidel-Stiftung.

Meier-Walser, R. (2004b). Die Europäische Sicherheitsstrategie und die Frage der Relevanz der NATO für Europa. In R. Meier-Walser (Hrsg.), *Gemeinsam sicher? Vision und Realität europäischer Sicherheitspolitik* (S. 215–229). Neuried: ars una.

Meier-Walser, R. (2005). Die Entwicklung der NATO 1990-2004. In J. Varwick (Hrsg.), *Die Beziehungen zwischen NATO und EU. Partnerschaft, Konkurrenz, Rivalität* (S. 25–44). Opladen: Budrich.

Meier-Walser, R. (2006). Die Transformation der NATO im Lichte nationaler Positionen. *Reader Sicherheitspolitik, 1,* 122–136.

Meier-Walser, R. (2009). Kurskorrekturen US-amerikanischer Außenpolitik nach dem Wechsel von George Bush zu Barack Obama. In R. Meier-Walser (Hrsg.), *Die Außenpolitik der USA. Präsident Obamas neuer Kurs und die Zukunft der transatlantischen Beziehungen* (S. 10–14). München: Hanns-Seidel-Stiftung.

Meier-Walser, R. (2016a). Von der „Legitimationskrise" über die „Frischzellenkur" in die „Glaubwürdigkeitskrise"? *Politische Studien, 67*(470), 12–22.

Meier-Walser, R. (2016b). *Die NATO im Wandel. Neujustierung der Kernelemente des Strategischen Konzepts.* (Argumentation Kompakt der Hanns-Seidel-Stiftung 10), August.

Meier-Walser, R., & Lange, K. (1996). *Die Osterweiterung der NATO. Die Positionen der USA und Russlands.* München: Hanns-Seidel-Stiftung.

Moore, R. (2007). *NATO's new mission. Projecting stability in a post-cold war world.* Westport: Praeger Security International.

Naumann, K. (2009). Sicherheit ohne die USA? Die NATO in der Perzeption Europas. In R. Meier-Walser (Hrsg.), *Die Außenpolitik der USA. Präsident Obamas neuer Kurs und die Zukunft der transatlantischen Beziehungen* (S. 197–209). München: Hanns-Seidel-Stiftung.

Naumann, K. (2017). Die NATO: Ein Bündnis für die Zukunft? In F. Hahn (Hrsg.), *Sicherheit für Generationen. Herausforderungen der neuen Weltordnung* (S. 103–106). Berlin: Duncker & Humblot.

Nuspliger, N. (2. September 2017). Nervenkrieg um russisches Großmanöver. *Neue Zürcher Zeitung.*

Pence, M.: Remarks by the Vice President at the Munich security conference. https://www.whitehouse.gov/the-press-office/2017/02/18/remarks-vice-president-munich-security-conference. Zugegriffen: 14. Sept 2017.

Pond, E. (2003). Das NATO-Trauerspiel. *Blätter für deutsche und internationale Politik, 4,* 433–445.

Powell, C. (31. März 2004). *Gemeinsame Grundsätze. Die transatlantischen Beziehungen sind besser als ihr Ruf.* Frankfurter Allgemeine Zeitung.

Reiter, E. (2002). Die Nützlichkeit der NATO – Überlegungen zur künftigen Bedeutung der NATO. In R. Meier-Walser (Hrsg.), *Die Zukunft der NATO* (S. 67–74). München: Hanns-Seidel-Stiftung.

Riecke, H. (2007). Transformation ohne Konsens? In H. Riecke (Hrsg.), *Die Transformation der NATO. Die Zukunft der euro-atlantischen Sicherheitskooperation* (S. 9–18). Baden-Baden: Nomos.

Riecke, H. (2016). Die NATO und die Risiken im Süden. *Politische Studien, 67*(470), 33–42.

Rotter, A. (2017). *Trump Meets NATO* (Argumentation Kompakt der Hanns-Seidel-Stiftung 5), Juni.

Rüesch, A. (11. Juli 2016). Von einer Krise zur nächsten. *Neue Zürcher Zeitung.*

Rühl, L. (24./25. August 1996). USA-Europa: Partnerschaft oder Entfremdung? *Neue Zürcher Zeitung.*

Rühle, M. (2003). Brauchen die USA die NATO noch? In E. Reiter (Hrsg.), *Jahrbuch für internationale Sicherheitspolitik 2003* (S. 359–374). Hamburg: Mittler & Sohn.

Rühle, M. (2004). *NATO at the crossroads.* McLean: The Potomac Papers.

Rühle, M. (2005). Die politische Dimension der NATO stärken. In R. Meier-Walser (Hrsg.), *Deutsche Sicherheitspolitik. Rückblick, Bilanz und Perspektiven* (S. 68–74). München: Hanns-Seidel-Stiftung.

Rühle, M. (2015). Die NATO und die Ukraine-Krise. *Politische Studien, 66*(461), 25–34.

Rynning, S. (2005). *NATO renewed. The power and purpose of transatlantic cooperation.* New York: Palgrave Macmillan.

Schulte, P. (2015). NATO's protracted debate over nuclear weapons. In S. v. Hlatky, A. Wenger (Hrsg.), *The future of extended deterrence. The United States, NATO, and beyond* (S. 107–133). Washington, D.C.: Georgetown University Press.

Shlapak, D. A., & Johnson, M. W. (2016). *Reinforcing deterrence on NATO's Eastern Flank. Wargaming the defense of the Baltics* (RAND Corporation Research Paper RR-1253-A).

Stabenow, M. (11. Juli 2016). Die NATO nimmt den Süden und Südosten ins Visier. *Frankfurter Allgemeine Zeitung.*

Szatkowski, T. (2017). Die NATO zwischen dem Warschauer und dem Brüsseler Gipfel. Eine Perspektive aus Polen. *Europäische Sicherheit und Technik 66*(1) 13–16.

Theiler, O. (1999). Die NATO im Wandel. Mit neuer Strategie ins 21. Jahrhundert. *Informationen für die Truppe, 3,* 86–93.

Thies, W. (2009). *Why NATO endures.* Cambridge: Cambridge University Press.

Thomson, J. (2003–2004). US interests and the fate of the Alliance. *Survival, 4,* 206–219.

Trump, D., & Stoltenberg, J. (2017). Joint press conference of president Trump and NATO secretary general Stoltenberg. https://www.whitehouse.gov/the-press-office/2017/04/12/joint-press-conference-president-trump-and-nato-secretary-general. Zugegriffen: 14. Sept 2017.

Varwick, J. (2008). *Die NATO. Vom Verteidigungsbündnis zur Weltpolizei?* München: Beck.

Varwick, J. (2016). Strategische Entwicklungen in der NATO 2017. In Direktion für Sicherheitspolitik (Hrsg.), *Sicher. Und morgen? Sicherheitspolitische Jahresvorschau 2017* (S. 237–239). Wien: Republik Österreich & Bundesministerium für Landesverteidigung und Sport.

Varwick, J. (2017). *NATO in (Un-)Ordnung. Wie transatlantische Sicherheit neu verhandelt wird.* Schwalbach/Ts: Wochenschau.

Varwick, J., & Woyke, W. (1999). *NATO 2000. Transatlantische Sicherheit im Wandel.* Opladen: Leske + Budrich.

Weidenfeld, W. (2003). Die transatlantische Nüchternheit. In E. Reiter (Hrsg.), *Jahrbuch für internationale Sicherheitspolitik 2003* (S. 341–358). Hamburg: Mittler & Sohn.

Yost, D. (1998). *NATO transformed. The Alliance's new roles in international security.* Washington, D.C.: United States Institute of Peace Press.

Zapfe, M. (2016). *Die NATO nach Warschau. Politische Studien, 67*(470), 23–32.